Strategic General Affairs

戦略総務

経営を強くする

「月刊総務」編集長
豊田健一 著

日本能率協会マネジメントセンター

はじめに

「戦略総務」。これが本書のテーマである。戦略総務の実現に向けて、その考え方から、必要なスキル、実践方法など、企業への取材も交えて紹介していく。

しかし、あえて「戦略」という言葉をつける理由を考えてみたとき、悲しい現実を目の当たりすることにもなる。つまり、「総務」という言葉だけでは、そこに戦略性を感じられない、という現実である。

「戦略総務」とは、ずばり、会社を変える総務になること。しかし、実際の総務は、その対極の「言われてやる総務」的な仕事がほとんどで、自らの発案で会社を変えようとする仕事は、なかなかできないのが現実である。

なので、あえて「戦略総務」と銘打って、会社を変える総務となるのだ、という宣言の意味もふくめ、「戦略総務」と表現している。

「総務が変われば、会社が変わる」。このフレーズの歴史は古い。会社を変えるのが戦略総務であるのであれば、そのコンセプトは先のフレーズのように、古くから想起されていた。しかし、このフレーズもお題目だけで、あまり現実感のないフレーズだったようだ。当の総務自身も信じていなかったのではないだろうか。

だが、ここにきてこの戦略総務という言葉が多用され始めた。私が携わっている『月刊総務』でもそうだが、全国各地で行う講演会でも、戦略総務がタイトルにつき、その実現方法について話す機会が増えてきている。そのかいあってか、「戦略総務」という言葉を総務業界の中で耳にする機会は増えてきている。それに伴って、総務に対する経営からの期待も大きくなってきているようだ。

では、実際にどのように戦略総務を実現すればいいのか。それを紹介するのが本書のテーマである。

会社を変えると言っても、個々に会社の事情も異なり、目指すべき方向

性も違う。また、同じ会社であっても、今現在求められていることと、10年後に求められることは違う。

そこで本書では、なるべく、汎用性のある、時代が変われど戦略総務として本質的に求められる役割を明示していきたい。

本書を通じて、みなさんが総務で働くことに誇りが持て、総務の仕事を通じて成長でき、結果、会社を変える総務の仕事ができることを願ってやまない。

豊田健一

目次

はじめに ……………………………………………………………… 3

第0章　総務の実際とその役割

なぜ、総務の社内的評価が低いのか？ ………………………… 16

総務を見る目／一般的な総務の仕事／社内外の連携／一般的な総務の役割

第1章　「戦略総務」が会社を強くする

総務の現状と戦略総務 ……………………………………… 24

総務自身の課題／全社における業務の明確化／全社における業務の効率化／総務部門内の業務の明確化／総務部門内の業務の効率化／総務の環境適応／戦略総務の必要性

総務を取り巻く環境と総務のテーマ ……………………… 33

労働力の減少／消費の質的変化／グローバル化／ワークスタイル変革

VUCA時代と総務の役割 42

求められる俊敏性／分化の歴史の弊害／何でも屋の必要性／
御用聞きの必要性／番頭機能の必要性／弁証法的総務進化論

第2章 | 戦略総務に導く「10個の問い」

1. 今の環境下で自社は生き残れるのか? 52

自社を理解した上での環境の把握

2. 総務の成功とは何を意味するのか? 55

経営目線での全社最適を考える

3. 総務のその施策を誰が利用するのか? 58

経営者と社員の間に立つ意味を考える

4. その仕事、やる意味があるのか? 61

変化を起こしていくためのゼロベース思考

5. あなたは何がしたいのか? どうしたいのか? 64

環境適応を目指し、あるべき姿をイメージする

6. その問題の本質的課題とは? ································· 67

長期的、全体的、根本的にあるべき姿を考える

7. 社員のことを知っているか?　社員に知られているか? ····· 70

現場を知るとともに現場に知られる

8. あなたの周りにプロはいるか? ························· 73

情報源の多様化は総務の大きな武器

9. 社員、経営に、あなたは信頼されているか? ··············· 76

良い意味で期待を裏切り評判を高める

10. あなた、総務のプロになりたいの? ····················· 79

あるべき姿を描き、プロとして会社に貢献する

第**3**章 現場をよみがえらせる 戦略総務の仕事術

戦略総務実現のための重要課題 ···························· 84

総務業務のスリム化を実現し、全社施策の実行を

「やめる・減らす・変える」による改善 ……………… 86

目的達成のための仕事／顧客目線で改善を行う／見えない、測れない、改善しない／総務的KPIの設定／5W2Hで見直す改善／「やめる・減らす・変える」／仕組みと運用の改善

横串で全社把握する「コスト削減」 ………………… 98

総務管轄コストの全把握／人件費に次ぐ大きな予算／コスト削減の推進のために／コスト削減　2つのアプローチ／サプライヤーとの交渉／ユーザーの使用管理

BPO・アウトソーシング ……………………………… 105

アウトソーシングは増加傾向／アウトソーシング導入の目的／アウトソーシングのメリットとデメリット／企業の中での総務のあり方／アウトソーシングの対象業務の絞り込み／アウトソーサーとの関係性／アウトソーシングの導入プロセス／常駐型アウトソーサーの管理のポイント

社内コミュニケーション活性化戦略① …………… 111

組織におけるコミュニケーションの重要性／社内コミュニケーション活性化とは？／点と点が結び付いた時、イノベーションが起こる／総務ならば知っておきたいコミュニケーション原則／「コミュニケーションは要求である」／「コミュニケーションは期待である」／「コミュニケーションは知覚である」／「コミュニケーションは情報ではない」／話す能力と聞く能力の格差

社内コミュニケーション活性化戦略② ……………… 128

社内コミュニケーション活性化　4つの施策／第1フェーズ：お互いを知るきっかけの提供／第2フェーズ：偶発的な出会いの場の仕掛け／第3フェーズ：意図された交わりの場の仕掛け／第4フェーズ：変える／社内イベントの運営ポイント／工夫を凝らした社内活性化策

「2・6・2の原則」で進めるワークスタイル戦略 ……………… 138

キーワードの本質的理解の必要性／環境適応と成果のためのワークスタイル変革／効率性の向上と創造性の向上／変化への抵抗と無意識行動の変化／「2・6・2の原則」という真実／一般化とストーリーテリング

働く場の環境整備「オフィス戦略」……………………… 152

社員が輝く、オフィスの仕掛け／イノベーションが求められる理由／知識創造理論「SECI」モデル／組織のセレンディピティ能力を高める／SECIモデルが繰り返される場を作る／SECIモデルを現実のものとする場作り／（ア）通りすがりに会話をさせる仕掛け／（イ）偶然交じわる「場」の仕掛け／（ウ）集めて交じわる「場」の仕掛け／（ア）すぐに対話できる「場」の仕掛け／（ア）自由に形作れる「場」の仕掛け／（ア）自らのワークシーンに合致した「場」の仕掛け／メディア、オフィス、イベントのクロス戦略

個を把握し、個に寄り添う「健康経営戦略」……………… 168

多様な施策と多様な仕掛けで進める／そもそも健康経営と

は？／人口減少時代の中での健康経営の必要性／プレゼンティズムという大きな課題／定期健康診断で状況把握／健康経営における総務の役割／経営トップによる健康宣言の発信／社風や文化に合った継続される施策／様々な健康経営への取り組み／あの手この手を継続していく息の長い取り組み

第4章　戦略総務　実践事例

場の力　株式会社スクウェア・エニックス ……………… 180

戦略総務とは「経営総務」／コミュニケーション活性化の担い手／人を交える場の力／舞台装置を整える総務の役割／場の力についての現場からの声／ナレッジオフィサーとしての総務の役割／経営総務として／派手な戦略総務はいらない／場の力が会社を変える

可視化する力　株式会社構造計画研究所 ……………… 187

経営の言葉で語る必要性／部内の巻き込み／総務の評価が高まる／総務の見える化／プロジェクト管理／自分事と考える重要性／総務の達成感／総務の可能性／総務のプロとして／場の力

巻き込む力　GMOインターネット株式会社 ……………… 197

戦略総務とは？／他社のマネはするな！／オフィス・コンシェルジュ／とにかく巻き込む、一緒にやっていく姿勢／従来の延長線上で仕事をしない／完成してからが本番／既成概

念にとらわれない／ベンチマークの必要性／効果や成果につながっている／発想力／特殊部隊／仕事をする上で一番大事にしていること

チャレンジする力　日産自動車株式会社 207

戦略総務とは？／会社としての将来も見据えて考える／3年後をイメージするための情報収集／全部疑ってかかる／時代を読み解く方法／過去を振り返りながら、方向性を見定める／ローカル尊重／戦略総務は面白い／マーケティングの重要性／リスクを取らないのが失敗／「総務も変わらなきゃ」という全体感

第5章　これからの戦略総務に求められる7つの力

1. 気づく力 218

スタッフの3つの仕事／他との比較での気づき／感覚との比較での気づき／違和感という気づき

2. イメージする力 221

頭の中で瞬時に検証する／現場に出向き素材を集める／自社の理解と仕事のつながりの把握

3. やり切る力 224

総務発案の仕事をやり切る力／総務の思いと活動を全社にPR

する／部内を巻き込みながらやり切る力を持続させる

4. 巻き込む力 ……………………………………………………… 227

社内外の関係者を巻き込み、仕事を進める／シンプルな目的とホットなマインドで仕事を進める／情報提供によりプロからのアドバイスを得る／相応の自覚と覚悟で巻き込んでいく／強固な信念を日頃から養う必要性

5. コミュニケーションする力 ……………………………………… 230

コミュニケーションが必須の総務の仕事／経営の方向性を知り現場の空気感を知る／相手の立場になり切り目線を合わせる／コミュニケーションの量を増やし質を高める／総務と現場社員の間の温度感の違いを知る

6. ファシリテーションする力 ……………………………………… 233

戦略総務は全社を相手にする仕事／本音を引き出し、真の課題を探る／現場社員寄りのスタンスで信頼感を醸成する／素人と専門家の間に立ち、同時通訳していく

7. インテリジェンスする力 ………………………………………… 236

VUCA時代に必須の判断材料の収集と作成／時代の流れと変化をつかみ取る／自らの価値も高めつつ接点を増やしていく／問題意識を常時持ちつつ情報に触れていく／自社を知ることで、自社に置き換え、考える／情報ネットワークの多様化がインテリジェンス能力を高める

おわりに ………………………………………………………… 240

第**0**章

総務の実際と
その役割

なぜ、総務の社内的評価が低いのか？

会社にとってなくてはならない総務を目指す

━━ 総務を見る目

　総務を表す典型的な表現として、「誰でもできる仕事」、「ルーチンワーク、雑務」、「できて当たり前、少しでもミスをすると怒られる部署」といったものが多い。正直、そこに期待感はなく、結果、なかなか評価もされない。

　私の前著『マンガでやさしくわかる総務の仕事』でも記したように、総務に異動となると、誰もが「なんで私が総務!?」と驚き、モチベーションが下がる。実際、読者の中にも、そのような経験者がいるかもしれない。

　実は、私もその経験者の1人。リクルート時代、中途採用媒体の営業担当から総務部へ異動。最初、異動の意味が理解できなかったものだ（今に思えば、この異動のおかげで、このような書籍を執筆しているのだが）。

　一方、『月刊総務』の取材先で、他部門から総務に異動してきた人に話を聞くと、その方々が一様に発する総務の感想は、仕事の幅広さと奥深さである。「こんなに多くの仕事があるとは知らなかった」、「仕事を突き詰めていくと、その奥深さに驚く」。そんな言葉をよく耳にする。総務については、経験してみないと、正直なかなかわからない。総務自身のPR不足もあるにはあるが、当事者になってみないとわからないことが大変多いのも総務の特徴である。

　とにもかくにも、何をしているかわからない部署である総務は、そうであるがゆえに、評価されにくい部署である。何をしているかがわからないので、総務に対して何を期待していいかもわからない。

　確かに、誰に聞いていいかわからないこと、どこに頼んでいいかわからないことを聞く部署という認識はある。何でも屋であり、よろず屋という認識はされている。ただ、それ以下でもそれ以上でもない。

　しかし、第四の経営基盤と言われるファシリティを司る部署であり、会

社の風土を作り上げる部署、働き方改革の主役となるはずの総務が、何でも屋だけでいいわけがない。本領を発揮してもらわないと、会社として困る。**本来やるべきことができない状態を脱して、会社をあるべき姿に変えていかなければならない。**その期待に応えていかなければいけない。そのために、戦略総務として存在していかないといけない。

━ 一般的な総務の仕事

　何かに追われているように、常に忙しく走り回っている。一方、現場からの依頼事項に対しては快く対応してくれる。困ったときには助けてくれる。総務に対してそんなイメージを持っていることが多いかもしれない。先述した、社内の何でも屋。その総務の仕事とはどのようなものがあるのか。

　下記は私が所属していた小売業（従業員1000人規模、売上200億円）の総務部の管轄業務。その当時、その会社には人事部、経理部、財務部、経営企画室、情報システム室があり、それらの部署が担当している業務以外の範囲が総務部の管轄であった。

図1　総務の管轄業務例

文書管理　印章管理　固定資産・備品管理　消耗品管理　帳票・封筒・名刺管理　オフィス・レイアウト管理　不動産管理　車両管理　安全運転管理　保安・防災業務　情報セキュリティの整備　秘書業務　受付業務　福利厚生業務　安全衛生管理　健康管理　社内外の慶弔業務　社葬の実施　会社行事　イベント業務　契約・契約書管理　規則・規程管理　株主総会　取締役会業務　株式管理　ＩＲの実施　社内・社外広報　ＨＰの管理業務　官公庁との渉外　地域との渉外　社会貢献活動　環境対策　リスクマネジメント　業務委託管理など

　ご覧のように、とにかく広範囲におよび、専門性が必要となる業務もある。その当時、総務には、部長、課長、係長、そしてメンバー3人、合計6人が所属し、それぞれが担当を分けて対応していた。管轄範囲が広く、常に同一の仕事をしているわけではないので、他から見れば、何をやっている部署か判然としないのも無理からぬところである。

━ 社内外の連携

　総務の特徴の1つとして、このように仕事が広範囲におよぶ、ということがあげられる。他の部門が担当しない全ての仕事が総務の担当ということになる。いわゆる業際、他部門との間にある仕事も総務が担当することが多い。どちらが担当するか明確でないと、往々にして総務が担当することとなる。

　そのため必要となる総務の役割がある。それは他部門との良好な関係性。業際の仕事も含めて、他部門との調整や連携が必要となる。上手く受け入れ、受け渡す、といった仕事の流れが必要となるからだ。

　あるいは、同じコンセプト、同じ考えをベースにそれぞれが専門性を発揮するケースもある。総務部は組織として、他部門との良好な関係性が求められる。また、上手く連携するためには、他部門の業務範囲、専門性をしっかりと把握しておく必要がある。その前提でスムーズな連携が成立するのである。

　この他部門との関係において、総務のトップである総務部長の役割は大きい。他の部の部門長との政治的な折衝が役割として求められる。業際の仕事ではあっても、人事部がやるべき仕事はそのように伝え対応してもらったり、コンプライアンス的な視点では、個別最適に陥りがちで、ややもすると売上至上主義の営業現場にブレーキをかけることも必要であろう。常に会社のため、全社視点で判断し、一方で、社会常識をわきまえ、良き企業市民としての振る舞いをするように全社に求めていく。いわば、企業の良心としての役割が総務部長には求められる。もちろん、その思想は全ての総務部員が持つ必要があり、現場で「おや？」という違和感を持つセンスは特に大事である。

　仕事が広範囲に渡ることにより、持つべき知識も広範囲に渡る。専門性が求められる業務もあり、また一方で、技術の進展もあり、常に勉強が求められる部署でもある。

　その際に必要なのが、外との接点である。また、総務の仕事は外の協力

なくしては回らない仕事が多い。サプライヤー、ベンダー、専門家といったビジネス・パートナーとの、ここでも良好な関係性が必要となる。相手をプロとしてリスペクトして、本来持っている最高のパフォーマンスを引き出し、その力を社内の課題解決に使ってもらう。その時々、最高のチームを編成してことに当たる。常日頃から、多くのプロとの接点を持ちつつ、本当のプロを見つけ、関係構築をしていくことが望まれる。

なので、総務は内向きの仕事をしつつも、対外的な目線も持ち、接点作りに励むことが大事である。そして、分野ごとのプロとの関係を構築し、それを1つのカードとして持っていれば、その分野に精通する必要はない。ことが起こればそのプロに聞く、委ねる。つまり、自ら「Know How」を知らなくても、知っている人を知っている「Know Who」であれば、対応できるのである。

社内外とのスムーズな連携を通じて、総務の仕事はなされていくのである。

━━ 一般的な総務の役割

広範囲に渡る総務の仕事をもう少し整理してみる。一般的には、次の4つの位置付けとして考えられることが多い。

図2　総務の仕事　4つの位置付け

①「社内のサービス・スタッフ機能」	②「経営層の参謀役」
③「全社コミュニケーションのパイプ機能」	④「全社的活動の推進役」

❶「社内のサービス・スタッフ機能」

庶務業務、文書作成・管理、福利厚生など、企業活動を円滑に進めるためのスタッフ業務としての位置付けである。総務で行う多くの業務がこのカテゴリーに入る。一方で、現場から依頼される目の前の仕事もこのカテゴリーの仕事ともなる。海外の総務はこのカテゴリーの仕事をそのまま

BPOするケースがほとんど。BPOが社内に常駐し、窓口となり均一の
サービスを提供する。日本においてもその流れが加速しそうだ。

❷「経営層の参謀役」

　経営層の意思決定、その他の経営的な業務に必要とされる情報提供やア
ドバイスを行うことを指す。従業員が1000人程度になると、経営企画室
という専門部署に分化することになる。しかし、社外との接点が多い総務
部は、経営に必要と思われる情報に触れることが多いので、どのような企
業規模になろうとも、情報提供は行うべきである。先に記した社外のプロ
を上手に活用することが大事である。

❸「全社コミュニケーションのパイプ機能」

　社内報などの社内コミュニケーション・メディアの運用や、ICTなどイ
ンフラの整備。全社への周知徹底のための通達の運用やその他の施策での
告知活動。あるいは、部門間の利害の調整を図る業務などが該当する。企
業規模が大きくなればなるほど、様々な社内メディアが登場し、それを専
門とする広報室が担当することもある。最近では、オフィスがこのコミュ
ニケーション活性化機能を果たすことも多く、さらに総務の役割も増加し
ている。

❹「全社的活動の推進役」

　株主総会、入社式、社員総会など全社的イベントの企画、運営業務。失
敗の許されない、そしてタイトな業務。全社を巻き込みながら、段取り良
く進行を管理しなければならず、総務の総合力が問われる業務。総務が主
導するので、その成功には、日頃から協力してもらえる社内外の関係作り
が必要となる。

　総務には、大きく分けるとこのような位置付けがある。結果、総務の大
きな役割として以下の4つのことが言えることになる。

①総務の業務は現場の業務の円滑化のためにある

②経営層にも情報提供することで役に立てる

③組織に欠かせないコミュニケーションを活性化することも大事な
役割

④全社を巻き込むイベントの企画が可能

　組織内において、なくてはならない重要な位置付け、役割を担っている
のである。

　この重要な役割を担っている総務であるのに、なぜ、社内での評価が低
いのか。なぜ、何でも屋として見られるのか。次章では、その総務の課題
について見ていこう。

第**1**章

「戦略総務」が
会社を強くする

総務の現状と戦略総務

変化の激しい世の中を生き抜く、戦略総務の必要性

━ 総務自身の課題

『月刊総務』で定期的に行っている全国総務部門アンケート。その直近のデータ、総務部門の課題を見ていこう（32ページの図4を参照）。

第一優先課題の第1位に挙げられているのが、「業務の明確化・効率化」。今までの調査であると、いつの時代も第1位はコスト削減であった。今回はそれを抑えての第1位が「業務の明確化・効率化」。実は、今回からこの項目を追加したのである。というのも、選択項目での調査は、選択できる項目からしか回答を選べないというデメリットがある。そこで、今回はプレ調査を行い、フリーコメントで総務の課題を拾ってみた。その中に業務の明確化、業務の効率化というワードが数多く見られたので、選択項目に追加し、結果、それが第1位となったわけである。

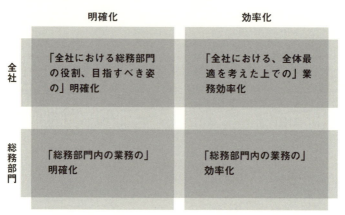

図3　「業務の明確化・効率化」の2つの側面

この業務の明確化・効率化については、2つの側面があると考えている。

1つは、**「全社における総務部門の役割、目指すべき姿の」明確化**であり、「全社における、全体最適を考えた上での」業務効率化である。もう1つは、**「総務部門内の業務の」明確化**であり、「総務部門内の業務の」効率化である。

■ 全社における業務の明確化

　まずは、全社における業務の明確化という課題について見ていくことにする。これは前章で記した総務のステイタスの低さや、総務の課題第5位の「部門の地位向上」とも関係してくる（32ページの図4を参照）。総務としては、自部門の仕事や目指すべき方向性について、全社の理解を得たい、得なければならないと考えているのである。

　繰り返しになるが、何をしているのか、何をしようとしているのかが見えなければ、意見も要望も期待もできはしない。何をしているかがわかれば、それに対して意見が言えるし、改善要望も出すことができる。目指すべき方向性がわかれば、応援もできるし、その実現に対して期待もできる。

　確かに、総務には日々様々な依頼や要望が寄せられるが、それは、今の総務がやっていること、これからやろうとしていることではなく、過去の総務の仕事の結果についてのことが多いものである。これからの総務がどうこうではなく、ただある現実に対してものを言っているだけのことである。

　今回の調査結果は、総務を知ってもらう努力、総務の目指すべき方向性を理解してもらう努力、対社内に向けたコミュニケーションが課題であると、総務自身もしっかりと認識していることを表しているのである。

　はたから見ているだけでは、日々の雑務に追われている姿しか目にすることができない。相手が積極的に理解してくれるとはとても思えないので、**総務が主導となり積極的に情報発信していくべき**なのである。

　例えば、社内報で総務について取り上げてもらうとか、総務がやろうとしている施策の説明をさせてもらうとか。あるいは、「総務通信」という、総務独自の社内情報誌を発行してもおもしろい。経営方針とリンクされた総務の経営方針、それに基づく今期の具体的アクションプログラム、プロ

ジェクトの進捗報告。あるいは、総務メンバーの紹介、担当業務の紹介と課題について、各自の専門分野の紹介と知識の範囲、付き合いのあるサプライヤー紹介などなど、知ってもらうことで頼られる総務として認知されるのではないだろうか。

　昔、リクルートではA4ペラ1枚の「総務通信」という総務発信の媒体があった。それもトイレの大便器の扉の内側に掲示されてあった。扉を閉めると目の前に総務通信。まだ携帯電話が出回る前であったから、その総務通信を読むしかすることがない状態。閲読率はものすごく高率であった。このように総務がやろうとしていることを知ってもらう取り組みは、ぜひ実行してほしい。

■ 全社における業務の効率化

　全社における業務の効率化。これには2つの意味がある。1つは、全社共通のIT化やBPO化により、現場社員が本業に専念できる業務改善支援である。働き方改革の実現もこの分野の仕事である。現場の生産性を上げ、労働時間の削減が可能となれば、ワーク・ライフ・バランスの実現も可能となる。健康経営にも結び付く。

　ただこの実現のためには、積極的に外に出て、情報収集することが必要となる。展示会やフェア、逆にITベンダーやサプライヤーの営業を受け、最新情報や他社事例の収集が必要となる。技術やサービスの進化は目覚ましく、社内で仕事をしているだけでは到底最新情報は収集し切れない。逆に時代に取り残される危険性もある。積極的に外に飛び出し、外部と触れ合うことで情報をつかむ努力がいる。

　これからの時代、机にへばりついて社内で黙々と仕事をこなす総務は危険である。そこには業務的イノベーションは発生し得ない。イノベーションは組み合わせである。新たな発想や技術、サービスをいかに社内に取り入れるかが大事なのである。外に対して意識して、社外人脈をどれだけ作れるかが勝負である。

　もう1つの意味は、横串機能である。各部門が専門性を高めていく今、逆にそれがマイナスとなることも多い。他部門のやっていることが理解で

きず、コラボすれば効果があることも、見逃してしまうというデメリットである。

どこかの部門が大局的に社内を見渡し、社内のリソースをミックスすることによるシナジーを考える。ばらばらで動くより、はるかに効率的に処理できることも多いはず。むしろ、働き方改革や健康経営など、様々な部署がコラボして対応していかないと効果を上げられないテーマが、今の時代は山積している。それが全社最適目線での全社の業務の効率化という意味である。

総務部門は全社で一番社内のことを知っている部署である、とも言われる。現場を歩き回ることで状況もわかり、社内人脈もできる。経営にも近いので、経営の方向性も理解できる。そのような絶好のポジションを活用して社内のことを知り尽くす。その情報をもとにして、社内のリソースを有効活用し効率化を図るというわけである。

この役割は、人事や経理、情報システム部がやれるとは思えない。経営企画部があったとしても、現場に精通しているとは思えない。現場にも経営にも接点がある総務がやらないで、誰ができるだろうか。**全社のリソース活用部門としての役割を担う、管理部門の統合機能は総務が担うべき**なのである。

■ 総 務 部 門 内 の 業 務 の 明 確 化

「見えない、測れない、改善しない」という言葉がある。ホワイトカラーの良くないところを表現したものである。まさに総務そのものを表している。

総務の仕事は属人化しやすく、隣の人は何する者ぞ状態に陥りやすい。タコツボ化、サイロ化とも言われる。Aさんの担当業務については、Aさんが休みだと誰も対応できず、「Aさんが出社する明日のご連絡でよいでしょうか？」と、当然のように返答する。社員サービスが1つの機能としてありながら、サービス向上、誰でも対応できる状態を目指そうとしていないのだ。

しかし、属人化が続くと、結局困るのは総務である。不在のAさんに代

わって、誰かが右往左往する。本来やらなければならない仕事を後回しにして、書類を引っかき回して悪戦苦闘。依頼先からは文句を言われ、これが積み重なると、総務の評判を落とすことになる。総務の仕事は現場に依頼して守ってもらう、使ってもらう仕事が多い。評判を落とすことにより、総務の依頼がしにくくなるという事態に陥る。

1つの解決策として、多能工化がある。1人で何役もこなす仕組みである。個々の総務の仕事を、1人でしか対応できない状態から、2人以上のメンバーが常時対応できるようにしておく体制である。

そのために、個々の業務の勉強会を行う、1つの仕事を必ず2人で対応するようなプロセスにしてしまう、頻繁に業務ローテーションを行うなど、とにかく複数人で対応できるようにしておいた方が良い。そのようにしておけば、B業務が繁忙なとき、C業務を担当しているメンバーに余裕があり、そのメンバーもB業務に精通していれば、B業務の繁忙なときに合わせて人員を増加する必要はない。このような体制が他の業務でもできていれば、部内の既存のメンバーで人員のやり繰りが効く。遊ばせておくメンバーがいなくなる。

多能工化を目指すには、当然、業務を見える化し、誰もが対応できるように標準化、マニュアル化しておくことが必要となる。このマニュアル化を推進したいという思いから、「業務の明確化」が総務の課題の第1位として挙がってきたと推測される。「ローマの道も一歩から」ではないが、**戦略総務への道は見える化から始まる**、ということである。

■ 総務部門内の業務の効率化

効率化をしたいのであれば、先に記した明確化、見える化は必須である。この見える化のポイントは、業務のプロセスのみならず、業務の目的の見える化である。そもそも、**何のためにその業務を行っているのか、目的を改めて明確にするのだ。**「最も非効率な仕事は、本来必要のない仕事を効率化することである」、かのピーター・ドラッカーの言葉である。そもそも必要のない仕事のマニュアルを一生懸命作成することに意味はない。時間の無駄である。まずは、そもそも必要がある業務なのか、その確認から行う

べきである。

「業務の効率化」が総務の課題の第1位となった背景は、本来やらなければならない仕事、したい仕事が、日常の雑務に追われて手が付けられない。既存の業務を効率化することで、時間を作り、本来やるべき仕事に着手したい、そのような思いの表れである。

業務の見直しの原則は、「やめる、減らす、変える」である。先に記したように、そもそも必要のない業務はやめる。どうしてもやめられない仕事は、その中身を減らせないか検討する。量や質の削減である。さらに、減らすことができないものについては、方法を変えるなどして見直す。そのような順序で業務の効率化を考えていく。

とにもかくにも、従来通り、昔のままでは一向に効率化されもしないし、時間も作れない。聖域を設けずに、全てを見直す意気込みが必要である。

■ 総務の環境適応

全国総務部門アンケートの調査結果から読み取れることは、総務自身も、全社における総務のステイタスを上げるために、総務部門内の業務を効率化し、本来やるべき業務をしていきたいと思っていることである。

ここで問題になるのが、それでは総務の本来やるべきことは何なのか、ということである。確かに、それぞれの企業で総務のやるべきことは本来的には異なるはずだ。1つとして同じ会社はないし、それぞれに独自の経営目標があり、課題もある。その達成のために、所属する会社の発展のために総務も必要な役割を果たすべきであるし、その中において総務のやるべきことはそれぞれの会社で異なるはずだ。

しかし、会社がその存在を継続していくことが根源的な課題であったとしたら、1つの大きな役割が総務に課せられてくる。

イギリスの自然科学者で、卓越した地質学者・生物学者であり、「進化論」で有名な、チャールズ・ダーウィンの有名な言葉がある。「生き残る種とは、最も強いものではない。最も知的なものでもない。それは、変化に最もよく適応したものである」。

この言葉は会社組織にも当てはまる。会社が継続して存在していくに

は、ますます変化が激しくなっている環境に、自社を上手に適応させてい
かなければならない。この自社を取り巻く経済、社会環境に適応させるこ
とが、総務の大きな役割として考えられないだろうか。

　戦略総務の役割は会社を変えることであり、上記の文脈で言えば、取り
巻く環境に適応させるために、会社を変えていくこと、と言えるであろう。

　一般的な総務の役割の1つとして、「経営の参謀役」というものがある。
これはまさしく、外部環境への適応のための役割と考えられる。総務は、
その仕事柄、外部との接点が多い部署である。法的対応のために、法改正
情報に敏感にならなければならない。リスク管理対応のためにも、自社で
生じる可能性が高いリスクには敏感にならなければならない。渉外対応に
おいても、近隣対応、業界団体との付き合い、監督官庁とのやり取りを通
じて、様々な情報に触れ、多くの予兆にも気づくことができる部署でもあ
る。

　総務は他の部署と比べて、多くの外部との接点を通じて仕事をしている
はずである。その接点、外部とのネットワークを活かして、環境の変化を
つかみ、その変化が自社にどのような影響を与え、自社はどのように対応、
変化していくべきなのかを考え、経営に助言していく。

　言うなれば、会社の触覚である。

　その際、前提となるのが、自社のことを理解しているということである。
いくら触覚を立てていても、自社のことを知らなくては、自社に影響を与
える変化に気づくことはできない。総務は社内で一番会社のことを知って
いる部署、そのように言われる所以はここにもあるのだ。

　孫子の言葉、「彼れを知りて己れを知れば、百戦して殆うからず」。この
言葉も総務に置き換えて考えてみれば、環境適応の必要性が理解されるで
あろう。総務が、社内を知り、環境を把握し、その変化に対応していけば、
激しい競争下において勝っていける（継続できる）。総務の大事な機能、これ
からさらに求められる機能として、**外部環境への適応機能を、総務のやる
べきこと、戦略総務の大きなテーマとして考えていくべき**である。

━━ 戦略総務の必要性

「戦略総務」の対義語は「言われてやる総務」である。言われてやる総務の仕事は、当然ながら他部署からの依頼や要望、クレームである。それらは現在の環境、目の前の状況について要望を言ってくることがほとんどだ。

先に記した環境適応的な戦略総務の仕事との大きな違いは、環境適応が会社の将来にフォーカスした仕事であるのに対して、「言われてやる総務」は会社の現在にフォーカスした仕事である。さらに、環境適応は外部に目を向けた仕事であるのに対して、「言われてやる総務」の仕事は、いたって内向き志向である。

社内に目を向けることが悪いわけではない。ただ、変化を起こそうと思ったら、内部のリソースだけでは限界がある。外部との接点において、新たな考えや新技術・サービスの組み合わせが必要なのである。

言われてやる総務の仕事で、会社が成長していくとは考えにくい。総務が進化しないとなれば、会社の将来はあやうい。次の項で記すように、会社は待ったなしの変化の荒波の中に放り込まれている。現在だけの仕事をしていては危険極まりない。

一方、総務は人件費に次ぐ大きな予算を管理している。直接の負担は各部署かもしれないが、総務が代表して価格交渉をしている費用もある。そのような、間接的ではあるが影響力を持っている費用も総務管轄の予算とみなすべきだ。

一度、自社の総務管轄予算をあらためて計算してみると、その大きさに気づくだろう。大きな予算、それだけ会社を変えるインパクトを持つ予算を持っているのだ。つまり、大きな施策を打つことができる可能性を持っているのだ。

同じ文脈で言えば、総務の仕事は全社に影響を与える。オフィス・レイアウトをはじめとする「働く場」の設計と維持管理は総務のメインの仕事だ。同一社内で働く社員は、みな総務が作った「働く場」で仕事をすることになる。この場合の「場」はハードとしてのオフィスだけではない。働

きやすさやコミュニケーションをする場、企業風土まで総称した「場」である。その「場」を作り替えれば、全社に影響を与えることが可能なのだ。

その総務が将来を見据えた、会社を変えていく戦略総務的な仕事をし始めたとしたら、どうであろうか。そのメリットもさることながら、本来総務が持っている多大な影響力を活かせず、目の前の雑務に忙殺されていることのデメリットを想像してほしい。

「総務が変われば、会社が変わる」、もっと具体的に言えば「総務が戦略総務へと進化すれば、会社は変化の激しい経済社会環境を生き抜き、成長していく」。

これからますます戦略総務が必要となってくるのである。

図4　総務部門の課題　第一優先課題

業務の明確化・効率化	39.6%
無駄・コスト削減	15.7%
社員研修・教育	9.6%
人材の確保	7.6%
部門の地位向上	4.6%
防災への対応	3.6%
ESの向上	3.0%
社内コミュニケーション	3.0%
BCM（事業継続マネジメント）	3.0%
コンプライアンス	3.0%
ワーク・ライフ・バランス	1.5%
健康管理・メンタルヘルス	1.0%
文書管理	1.0%
設備・備品管理	1.0%
個人情報保護・機密管理	0.5%
情報セキュリティ対策	0.5%

平成24年11月　全国総務部門アンケートより

総務を取り巻く環境と総務のテーマ

企業存続という本質的課題のために、会社を変える

━━ 労働力の減少

先に記した戦略総務の大きなテーマ、環境適応。では具体的にどのような環境であると理解すればいいのだろうか。

ここ数年、政府の重要施策となっている働き方改革。この根源的な課題が人口の減少、生産年齢人口、つまり労働力の減少なのである。

2000年初頭、かのドラッカーも著書『ネクスト・ソサエティ』（上田惇生・訳、ダイヤモンド社、2002年）の中でこの日本の課題を喝破している。「21世紀の最大の不安定化要因は何か？ 『何といっても人口構造の変化である。ただし、先進国における最大の問題は高齢化ではない。少子化のほうである』」。

労働力が減少すると、当然ながら企業においては、人材採用に支障をきたすことになる。人が採りにくくなるという事態に直面する。その中で、さらに優秀な人材の争奪戦が始まる。この採用活動時点で、新卒者も含めて求職者に対して、応募したくなる企業として見えるかどうか、という課題がまず生じる。

求職者を引き付ける魅力ある企業、その構成要素を、就職先を選ぶ際に重視する項目として考えてみると、業種、職務内容、福利厚生制度、給与水準、企業風土、所在地、企業規模、知名度、そんなところが挙げられる。この点で、魅力ある企業としてPRしていかなければならない。そうしないと応募時点で人材が集まってくれないのだ。

優秀な人材に応募してもらい、採用したとしても、すぐに離職されては元も子もない。そのまま末永く、長期にわたり最大限のパフォーマンスを発揮してもらわないと、優秀な人材を採用した意味がない。

ここで、A&Rという課題が発生する。A&Rの強化、これが戦略総務の1つのテーマとなる。「Attraction：企業の魅力を高め、いかにして優秀な人

材に応募してもらい、採用するか（A：引きつけ）」、「Retention：採用後は働きやすく、働きがいのある職場において、その社員が定着し、いかにして最大限のパフォーマンスを発揮してもらうか（R：引き留め）」という課題である。

　この課題に対して総務は何をすべきなのか？　端的に言えば、**働きやすい魅力ある「働く場」の実現が総務のやるべきこととなる。**世に言われている、ダイバーシティや健康経営もその文脈の中に含まれる。

　「働く場」という意味でのダイバーシティは、どのような境遇、状況の人であっても働きやすい職場であるとともに、様々なワークシーンに適した「働く場」の提供でもある。その意味は、それぞれのワークシーンが選べる場の提供である。

　集中したいときは集中できるゾーンがあり、コラボしたいときにはそれに適したゾーンがある。リラックスしたいときはそのようなゾーンがある。個々の社員に、今望んでいるワークシーンに合わせたゾーンを提供できる、個々の社員の選択肢を多様化するという意味での、働く場のダイバーシティである。

　前者で言うところの働く場は、バリアフリー的な要素を組み込んだ働く場であり、後者は働くシーンに合わせた働く場の多様化である。このような働きやすさを高めた働く場の構築。結果、効率、生産性の上がる働く場の構築とともに、働く人そのものに作用するところの健康経営も重要なテーマである。

　健康経営の初めの一歩はもちろん定期健康診断である。その結果を受けて、個々の社員への対応を考えていく。人事的な施策が多い中で、総務でできるところは、先ほど同様に働く場においての施策である。長時間座り続ける椅子への配慮であったり、リラックスできる場の提供であったり、執務室においても、音や光、香りで配慮できる部分はある。また、食の部分でも、社食の運営からメニューの選定、自販機の飲み物の入れ替え等々、健康的な仕事生活を支える部分は総務の大きな仕事でもある。

　戦略総務としては、働く場のダイバーシティや健康経営という側面から、企業の魅力を職場という点で高め、既存の社員の働きやすさをサポー

トして、この会社でずっと働きたいと思ってもらうことができる。働く場の環境整備は、戦略総務の重要課題である。

━━ 消費の質的変化

続いての課題は、価値観の多様化に伴う、消費の質的変化。総務とどのように関係があるのか。

移ろいやすい消費者の心をつかむ商品やサービスを開発していかないといけない変化の激しい世の中。そのためにはイノベーションが欠かせない。新しい商品やサービスを常に提供していかないと、既存の事業だけでは立ち行かない。さらに企業間競争の激しさも相まって、企業にはイノベーションを創出する仕掛けが必要となる。

総務がイノベーションを起こすわけではない。企業の中にイノベーションが生まれる土壌を仕掛けていくのである。

総務を指し示す言葉、「縁の下の力持ち」。言い換えると、社員が輝く舞台を支える、舞台装置そのものを構築するのが総務の役割である。その舞台装置に、イノベーションが生まれやすくなる仕掛けを組み込むのだ。

イノベーションについては、多様性がその可能性を高めると言われる。社員が持つ多様な知、ナレッジに出会うきっかけを数多く仕掛けることにより、新たなナレッジが創出されるのだ。

イノベーションは、「異なる点と点が結び付いて線となったときに生じる」とも言われる。専門分野の異なる社員の偶然の出会いがインスピレーションを生み、それがイノベーションの芽となり、新規事業の開発につながる。さらに言えば、異なる部門の社員が偶然出会い、そこでの何気ないざっくばらんな会話がインスピレーションを生むのだ。

その仕掛けを舞台である働く場に組み込む。詳しくはのちほど紹介するが、例えばコピー機を一カ所に集めることにより、偶然の出会いを生み出す、そんな仕掛けである。このような仕掛けを数多く働く場に組み込むことで、イノベーションが生まれる可能性を高めるのである。この働く場、オフィスを設計構築する仕事は、総務以外の部署がすることはあり得ない。

総務の仕事のメインストリームと言える働く場の仕掛け。これは社内だけの交わりだけではない。オープンイノベーションと言われる、社外のナレッジとの出会いも、総務が仕掛けるのである。

　働く場における仕掛けであれば、例えばエントランス・ロビーを社外に開放する。社外の人の打ち合わせ、フォーラム、イベントを自由に開催できる場があれば、そこでは社内の社員もそのナレッジに触れることが容易になる。

　あるいは、総務が主催者となり、社外の講師を招いての勉強会を行う。ある会社では、自社のワークショップに近隣の会社の社員も呼んで、一緒に開催しているところもある。同年代の他社の社員の発言には刺激を大いに受けるそうだ。

　やろうと思えば何でも仕掛けられるはずだ。なぜなら、総務は何でもやっていい部署だからである。業務分掌規程にこう書いてあるはずだ。「その他、他の部門で担当しない全ての仕事」が総務の担当領域である。何でも屋と言われるが、裏を返すと、「何でもやっていい部署」。その意識を持って、積極的に社員同士が交わる場の構築、出会いの場の提供をしていくべきである。**イノベーションが生まれる可能性を高める「働く場」の環境整備**、これも今の時代、総務に求められる大きなテーマである。

■ グローバル化

　保護主義の台頭もあり、グローバル化にブレーキが掛かりそうな世の中ではあるものの、逆戻りはあり得ない。間違いなくグローバル化は進展していく。モノと人と情報が国境を越えて入り混じる。総務的に考えると、重要なことは、仕事の仕方、仕事のスピード感もグローバル化していることである。ここがグローバル化における総務の重要なテーマなのだ。

　仕事の仕方のグローバル化とは、生産性の向上である。海外に比べて日本の生産性は低い。とりわけ、ホワイトカラーの生産性は多くの有識者が指摘しているように大変低い。

　グローバル化とはチャンスでもあり、企業間競争の激化でもある。この生産性の低い状態のままグローバル競争に放り込まれても、海外の企業に

太刀打ちはできない。海外企業の方と話をすると、とにかく合理的であり、スピード感が違う。外資系総務出身で、日本の会社の総務に転職された方に取材しても、日本の総務の仕事の遅さ、非効率性について指摘されることが多い。

一方、その合理性が日本の風土に適合するかどうかは疑問もあるが、それでもなお、ホワイトカラー、特に総務の生産性の低さは改善していかないといけない。

総務の生産性の低さは先述したように、総務自身も課題感を持っている。総務自身が感じている総務の重要課題である「業務の明確化・効率化」はまさにこの課題である。

それぞれの業務を可視化して効率を上げ、生産性を高める。その上で、総務が戦略総務となり、その戦略総務の重要な課題に対応していく。重要な課題である働く場の環境整備とは、既存業務プラスαの業務であり、既存業務の効率化なしには手が付けられない。目の前の雑務に追われていては対応できない。

全社の働き方改革を働く場の構築からサポートする総務。その総務自身が働き方改革をしないことには、全社の働き方改革は進まないのだ。

グローバル化の進展に伴い、今までは、同様な働き方をしていた総務が、期せずして、海外の合理的な働き方と接するようになった。その違いを目で見て、肌で感じるようになった。

競争相手が変わってきているのである。同じペースで仕事をしている日本の総務が競争相手ではなくなりつつある。総務の仕事の生産性向上、これが大きな課題であり、戦略総務へと進化していく必要不可欠のステップなのである。

ホワイトカラーのいけないところ、「見えない、測れない、改善しない」。ホワイトカラーの生産性向上について詳しい専門家の言葉である。特に総務の仕事は、各自がタコツボ化して、周りからは見えない。見えないので、客観的に計測できないし、KPIも設定できない。PDCAが回されていないし、横からアドバイスも入れられないので改善もできない。

さらには、その仕事がその人の存在意義となり、なかなかオープンにし

てくれない、自分しかできない仕事だと思っている、あるいは、そう信じ込もうとしているケースもある。

　グローバル化における総務の大きなテーマは、総務自身の可視化、合理化、効率化である。結果、生産性を上げることである。これなくして戦略総務は実現できない。**既存の全業務を、聖域をなくして可視化し、目的を明確にしてゼロベースで見直していくのだ。**全社のワークスタイル変革の前に、まずは総務自身のワークスタイル変革を実践することが必要なのだ。

━━ ワークスタイル変革

　政府が進めている働き方改革、本書ではワークプレイス変革も取り扱うので、その流れでところどころでワークスタイル変革と呼ぶこともあるが、目指すべき意味は同じである。

　働き方改革の具体策をまとめる「働き方改革実現会議」（議長・安倍晋三首相）で表明された方針、9項目についてご存知だろうか？　以下がその内容である。

①同一労働同一賃金など非正規雇用の処遇改善
②賃金引き上げと労働生産性の向上
③時間外労働の上限規制の在り方など長時間労働の是正
④雇用吸収力の高い産業への転職・再就職支援、人材育成、格差を固定化させない教育の問題
⑤テレワーク、副業・兼業といった柔軟な働き方
⑥働き方に中立的な社会保障制度・税制などの女性・若者が活躍しやすい環境整備
⑦高齢者の就業促進
⑧病気の治療、そして子育て・介護と仕事の両立
⑨外国人材の受入れの問題

　新聞紙上、毎日のように関連するガイドライン、法整備、助成金の情報

が掲載されている。このワークスタイル変革の根本原因は、繰り返すが、日本の人口減少である。それにより日本の競争力、活力が下がってしまう。日本の活性化が根本的な課題なのである。「一億総活躍社会」の実現を目指すことが狙いである。そのためのワークスタイル変革。

ワークスタイル変革以外にも多くのキーワードが飛び交っている。ダイバーシティであり、健康経営であり、クリエイティブ・オフィス、イノベーション。長時間労働の削減であり、テレワーク、在宅勤務。介護離職やワーク・ライフ・バランス。取り上げていけばさらにあるだろう。

総務としてはこれらの言葉を課題として様々な施策を企画実践していくことだろう。悪戦苦闘しているかもしれない。その時々のキーワードに振り回され、マスコミが先端企業の事例を紹介することで、同じ施策を導入しようとしてはいないだろうか。

日本の悪い癖で、手段が目的化してしまうことが多い。数値目標が示され、本質的な理解をしないまま、その数値を達成しようと形だけ整えてしまう。

今一度冷静に考えてほしいのは、そもそも何のためにその施策をすべきなのか、本当に自社でそのニーズがあるのかどうか、その施策が必要な状況なのかどうか、ということである。無理やりワークスタイル変革をしなくてもいい会社もあるはずだ。今のままでも競争力があるのに、それを無理やり変える必要はない。総務の大事なテーマである環境適応はまさにそういうことである。

総務は会社のことを最もよく知っている必要がある。そうでないと、先に記したようなキーワードに踊らされてしまう。自社のことをしっかりと把握し、理解し、その前提で外部に適応していくのだ。

外部に適応していくというのは、外部をそのまま真似る、ということではない。本質的な目的は企業の存続である。そのために自社をどのように変えていくかを考えるのであり、外部の事例をそのまま取り入れることではない。

自社を理解した上での、自分事化、自社事化が必要なのである。自社に置き換えて考え、変えるところは変え、残すところは残す。その正確な判

断が総務には求められる。

孫子の言葉、「彼れを知りて己れを知れば、百戦して殆うからず」、この言葉はまさに総務の教訓とすべきである。総務的に超訳してみると、「外部環境を正確に理解し、自社のこともしっかりと把握していれば、競争力を持って戦える、企業存続ができる」、ということになる。

もう1つ理解しておきたいことは、先に挙げたキーワードに共通する本質的な考え方である。総務の今後の施策を考える際の軸になるかと思う。

1つ目は、個（個人）の把握と個への対応である。ダイバーシティがまさにそれである。個々の社員の状況を理解し、どのような状況下でも働ける制度設計であり、働く場やツールの提供である。健康経営は究極の個への配慮である。誰一人として同じ人はいないので、個人レベルでの対応となる。

2つ目は、個を把握し個へ対応するには、選択肢を増やすということでもある。上からの押しつけではなく、選択肢を豊富に準備し、個々人に選択させる、というコンセプトである。その分いろいろなメニューを提供しなければならない。

総務的管理目線で言えば、メニューは少ない方が管理しやすい。しかし、価値観が多様化し、あるいは文化も異なる社員が同一組織内に存在する状況では、誰もが利用できる様々な選択肢の用意が必要となってくる。当然、毎年その利用状況を把握し、見直しもしていかないといけない。よって、利用状況の可視化とその評価、判断を毎年のように行う必要がある。

3つ目は、社員の自立支援というコンセプトである。企業存続は目指しつつも、未来永劫企業が存続できる保証はない。企業が社員丸抱えの時代は過ぎ去った。社員個々人の自立できる能力を高め、いつでも飛び立てる支援をする必要がある。副業解禁はその流れでもある。

福利厚生もこの自立支援の流れで組み立てられ始めている。福利厚生の大きな3つの施策、ワーク・ライフ・バランス支援、ヘルスケア支援、ライフプラン支援のうち、ライフプラン支援がまさにそれである。自己啓発支援であり、老後の生活不安への支援でもある。

第1章 「戦略総務」が会社を強くする

　そして、流れは着実に成果主義になっていく。働く場、働く時間、そして働き方は個人の自由。どこで働こうが、いつ働こうが、どのように働こうが、という状態になると、評価する点はアウトプット、成果にならざるを得ない。在宅勤務、テレワーク、働く姿やプロセスが見えない中、アウトプットを見ざるを得ないのだ。つまり、働き方と評価の分断が必要となってくるのだ。

　ワークスタイル変革、それとリンクする先にあげた様々なキーワード。それらの実行を考える上で必要な、**個の把握と個への配慮、豊富な選択肢、自立支援、戦略総務の判断軸として提起してみたい。**

VUCA時代と総務の役割

万屋化、内部化、統合化へと進化していく

■ 求められる俊敏性

変化の激しい今の時代のことを、「VUCA時代」と呼ぶ。耳にしたことがあると思う。「VUCA」とは、「Volatility：不安定性」、「Uncertainty：不確実性」、「Complexity：複雑性」、「Ambiguity：曖昧性」の頭文字を取った言葉である。先の見えない変化の時代、あたかも乱気流の雲の中を飛行機が突っ込んでいくように、何が起こるかわからない世の中である、という意味である。確かに、イギリスのEU離脱、トランプ大統領の登場など、予想を覆す事態も生じている。

環境適応が戦略総務の大きなテーマである中で、ますます対応が難しくなってきているこのVUCA時代。環境適応の前に、環境変化に即対応することが求められる。

その前提で必要な総務のあり方の1つとして、俊敏性が求められる。これは素早く変化に対応する能力のことである。何が来ても、どのような球が飛んで来ようと打ち返せるだけの俊敏性が求められる。目の前に現れた変化の意味を読み取り、自社に置き換え、どのような影響が生ずるかを瞬時に理解し、社内、社外のリソースを駆使して、総務が主導で対応していく。この一連の流れを素早く取るための俊敏性である。

英語で「俊敏な」、「機敏な」という単語は2つある。「Quick」と「Agility」である。VUCA時代に求められるのは、Agilityの方である。Quickは、ある目的に対して「迅速に」、「素早く」対応することである。目的が定まっている前提での俊敏性である。

一方、Agilityは、何が来るかわからない状態で、いきなり生ずる変化に対して「俊敏に」、「機敏に」対応することである。目的がないので、なかなか事前準備が難しい、想定外の事態に対応しなければならない難しさがある。

何度も言うように、総務の業務分掌、他の部門の担当外の仕事を担当する総務は、この想定外の事態に対応する役割が課せられる。**誰もやらない、誰も対応しない仕事への対応能力がますます必要となってくる「VUCA時代」が到来しているのである。**そんな時代の中で、従来の管理部門、スタッフは想定外の事態に対応できるのだろうか?

■ 分化の歴史の弊害

総務の歴史は分化の歴史でもある。社員数が数十人の会社では、事務部門(総務部)として事務関係は何でも担当していた。社員数が増加するに従って、経理担当や人事担当がその専門性を高めることにより、事務部門から経理部、人事部として分化していった。

さらに、財務部、情報システム室、経営企画室、広報室と、専門性が必要とされるスタッフが分化、独立していった。そして残った仕事を担当する部署が、その会社の立ち上げからずっと存在していた総務部ということになる。

総務部と分化していった部署の違いは、地平線があるかないかである。総務部以外は明確な業務担当領域が存在する。言うなれば、その領域以外は原則対応しない、引き受けない部署である。一方、総務は地平線がなく、担当領域も定まっていない。結果、誰が対応するか明確でない仕事が常に舞い込む部署である。

VUCA時代は、この担当領域が明確でない仕事が増加する可能性が高い(部署間の仕事、業際の仕事が数多く生じてくる可能性がある)。専門性が高まれば高まるほど、担当外を対応しない事態となり、この処理に総務が忙殺される事態が想定される。

VUCA時代だからこそ、総務の「何でも屋」対応が必要となってくるのである。

■ 何でも屋の必要性

日本の総務と世界の総務の違いは、この何でも屋機能の有無にあるように思う。日本の総務は従来型の何でも屋総務が存在し、一方、世界の総務

はファシリティ・マネジメント含め、専門性の高い総務として存在している。世界の総務は契約の世界でもあり、地平線が存在する世界でもある。この地平線が今後デメリットになる可能性があるのは先述した通りである。

こんな言葉がある。「どこまでが総務の仕事かどうかの議論は本質ではない。誰かがやらなければならない仕事なら、総務がやればいい」。むしろ積極的に総務が対応すべきなのである。なぜなら、総務以外には誰も対応しないからだ。

総務は専門性が高くないから評価されない、そのように言われることが多い。しかし、誰も対応しない、誰も対応できない仕事を対応する能力、初めて経験する事態に対処する能力は評価されるべきである。むしろ、VUCA時代には、その能力が最も必要とされるのではないだろうか。そのために、どのような事態が舞い込もうと対応できるように、日頃から外部ネットワークを張り巡らせたり、いち早く変化を察知できるように、情報網を張り巡らす。

一方で、社内の事情にも精通しておき、変化の影響がすぐに想定できるように準備しておく。何がくるかわからないから、何も準備をしないのではなく、いまできることを最大限やっておく努力が必要となる。

もちろん総務においても専門性は当然必要である。それぞれの業務の専門的知識を獲得して、さらに付加価値のある仕事は、総務であっても要求される。総務に求められるのは、**専門性を高めつつも線を引かずに、担当外の仕事であっても臆することなく、従来やっていた仕事のパターンを応用して対応していく。** そのような柔軟性と機転を効かせた対応である。

■ 御用聞きの必要性

アウトソーシング、BPOの活用が進んでいる。総務においては、庶務的な仕事、現場からの問い合わせ対応を常駐型のBPOに委託するケースが増えている。サービスカウンター、オフィスカウンターと称して、備品の発注、社内サービス利用の申請手続き、名刺等の印刷手配、社内備品の利用申請等々、そのような窓口と手配業務をBPO先が対応するのである。

言われてやる仕事が総務の手を離れて、外部の手に渡るのだ。

この仕組みを導入すると、総務は現場からの問い合わせ対応に忙殺されることもなく、本来やるべき仕事に集中することができる。一方、常に一定の高品質なサービスを享受でき、現場社員からの評価も高くなる。

しかし、裏を返すと、現場社員との接点が希薄になるとも言える。現場からの問い合わせがなくなるということは、現場とのコミュニケーションの量が少なくなることでもある。ここが1つの懸念点でもある。

VUCA時代は先が読めない変化の時代。その変化は現場で先に生じることも多いものだ。その現場で生じる変化の兆しを察知しにくくなりはしないだろうか？

何もBPOをやめて、昔のように内製で対応しろと言うのではない。BPOはBPOで導入しつつ、積極的に現場に出向き社員とコミュニケーションをとることが必要となる。「MBWA（Management By Walking Around）」、「ぶらぶら総務」という取り組みが大事となってくるのだ。

ぶらぶら総務もさることながら、さらに積極的にコミュニケーションを図る、御用聞き総務はどうであろうか。先述した、ワークスタイル変革のコンセプト「個の把握と個への対応」を図るには、総務が積極的に個にアプローチする必要がある。社員個々人の働き方に対する要望をくみ取り、施策に反映していく。

言われて対応するのではなく、こちらから出向き、先回りして対応していく。変化を待つのではなく、変化を迎えに行く。変化を兆しで対応しておいた方が、その変化が大きなうねりとなって押し寄せてきたときより、はるかに楽に対応できるのではないだろうか。

御用聞きとは古臭い言葉であるかもしれないがイメージはわかってもらえただろうか。**変化を取りに行く、見つけに行く姿勢が大事なのだ。**

■ 番 頭 機 能 の 必 要 性

ワークスタイル変革、その一環としての健康経営、働く場の環境整備などは、総務部門単独では対応できないテーマでもある。人事や情報システム室、経営企画室や広報室も巻き込んで進めていかなければならない。結

果、どこかが中心となり、関係部署をコントロールしていく。その統括担当部署を総務が担うのはどうだろうか。言うなれば、「番頭機能」。

　さらに、変化の激しいVUCA時代は何が起こるかわからず、全社のリソースを総動員して立ち向かわなければならない。

　あるいは、変化の察知役として総務がいち早く変化に気づき、しかるべき部署に対応を指示する。その意味においても、総務が番頭的に全社を指示し動かしていく。総務の歴史は分化の歴史と表現されるように、総務が大元であり、その中から、多くの部署が分化していった。その本家本元が総務であるなら、総務が番頭機能を担ってもいいのではないだろうか。

　全社最適を見る部署である総務がその役にふさわしい。先述したように、総務は社内を一番知っている部署であるのなら、指示も出しやすい。そのためには、先ほどのMBWAを駆使して全社の情報、状況を把握する。いち早く対応方法を見つけ出す努力も必要となる。

　一方、全社のリスク対応が総務の役割であり、これは衆目の一致するところである。VUCA時代の変化は、良い変化と悪い変化の両面を持つ。自社に追い風となる変化もあるし、リスクとなる変化もある。企業継続という側面から考えると、リスクを伴う変化に対して特に敏感になるべきで、その意味でも**総務が番頭的機能の下、変化への対応の中心的部署となるべきである。**

　一般的な総務の役割の1つに、経営参謀としての役割がある。総務では特に外部情報の収集において参謀役となることが求められる。その中でも特にリスクを伴う情報に敏感になり、経営に進言していく。従来から求められてきた機能である。

　この機能をさらに進化させ、情報、変化を察知し、経営に伝えるだけでなく、その対応方法までも考え、しかるべき部署に指示を出す。新たに進化した番頭として、VUCA時代を乗り越えるのはどうであろうか。

■ 弁証法的総務進化論

　VUCA時代を乗り越えるための総務の役割として、何でも屋、御用聞き、番頭機能を提示した。この言葉は古くからある言葉であり、昔の総務

が全て担ってきた役割でもある。しかし、ここで提示した3つの機能は、言葉は同じでも、少し進化した役割でもある。以下、その意味を説明したい。

世界最高の哲学と言われるヘーゲルの弁証法。弁証法の中にはいくつかの考えがあり、その1つに「螺旋的発展」の法則という、物事はあたかも螺旋階段を登るようにして進歩・発展していくという考えがある。もう1つは「否定の否定による発展」の法則であり、物事は否定の否定により発展し、現段階を超え、超越するという考えがある。

そして、最も有名なのが「矛盾の止揚による発展」の法則。止揚とは、お互いに矛盾し対立するかのように見える2つのものに対して、いずれか一方を否定するのではなく、両者を肯定し、包含し、統合し、超越することによって、より高い次元のものへと昇華していくという考えである。これらの3つの考えをベースに弁証法的総務進化論を考えてみたい（図5参照）。

右下の丸い図を見てほしい。ここ数年の総務の流れは、図の左側にあるように、「専門化」、「外部化」、「細分化」である。そのように組織体制を変えてきたし、仕事の仕方を変えてきた。結果、組織の役割が細分化され、それに伴いそれぞれが専門性を高めてきた。

またBPOを積極導入することで、雑務から解放され、より高度な考える仕事に特化することにもなってきている。ある意味、総務の評価を高める

図5　弁証法的総務進化論

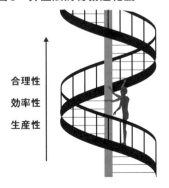

専門性への道を進むことができている。これはこれで総務の進化でもあり、評価される動きである。

しかし、時代はVUCA時代。このVUCA時代を乗り越えるには、先に提示したように、何でも屋、御用聞き、番頭機能が必要となってくる。それが丸い図に示すところの右側の流れである。

上から説明すると、「統合化」は、番頭機能のことであり、「内部化」は処理の内部化ではなく、変化を察知すべく、現場社員との接点の内部化、御用聞きのことである。「万屋化」はそのものずばり、何でも屋のことである。このような統合化、内部化、万屋化がこれからの時代に必要となってくるのではないだろうか。

弁証法的に言えば、左の流れと右の流れは相対立する考えとなる。専門化と対立する万屋化、外部化と対立する内部化、細分化と対立する統合化。

しかし、それらの対立するものが、一方を否定するのではなく、両者を肯定し、包含し、統合し、超越することによって、より高い次元のものへと昇華していくのが弁証法である。

専門化しつつも、その専門性を高めることで、より広範囲にわたって対応できる体制となる、さらに進化した万屋化が可能となるのだ。万屋化も、専門性を高めることで奥行きがある万屋化となる。

VUCA時代に求められる万屋化は、とにかくなんでも対応するというものから、とにかく幅広く的確に対応する、万屋のスペシャリストである。専門性を高めたスペシャリストが広範囲にわたって対応できる体制作りが望まれる。

外部化とはBPO化。それを推進することで、総務は考える時間を捻出できる。その余裕のある中で、目的を持って現場との接点作りに励むことが、進化した内部化、進化した御用聞きである。

今までの接点は、現場からの依頼事項、頼まれ仕事が媒介となった接点である。いわば、待ちの姿勢での接点である。外部化（BPO化）により進化した内部化（御用聞き）は、攻めの姿勢での接点である。総務が主導し、総務が聞きたいこと、把握したいこと、あるいは察知したい変化を取りに行く御用聞きである。VUCA時代の変化の先取りができる御用聞きとなる

のだ。

　細分化とはほぼイコール専門化である。卵が先か鶏が先かではないが、組織が細分化されることで専門性が高まったのか、専門性を高めるために組織が細分化されたのか。いずれにせよ、細分化された組織で、それぞれが専門性を高めた状態となっている。

　統合化とは番頭機能。いくら番頭が、様々な部門を束ねて仕事をしたとしても、それぞれの部門が高い能力を持っていないといい仕事はできない。現状では専門性を高めた部署が存在しているわけだから、それを上手に束ねることができれば、効果は絶大である。足し算から掛け算のコラボレーションが可能となる。つまり、組織が細部化され、専門性が高まれば高まるほど、それを束ねる効果は大きくなる。番頭機能が進化するというより、番頭が存在することでさらに大きな仕事ができると理解してほしい。

　つまり、47ページの丸い図のように、お互いに矛盾し対立するかのように見える2つのものに対して、いずれか一方を否定するのではなく、両者を肯定し、包含し、統合し、超越することによって、より高い次元のものへと昇華していく状態が、弁証法的総務進化論であり、現在は右側に振れながらの進化が望まれている時代であると考えられる。

　そして、その進化の仕方は、左の螺旋階段を見てもらえるとわかるように、「合理性」、「効率性」、「生産性」という観点において、螺旋階段を登るようにして、総務の役割、機能が進歩・発展していくのである。弁証法の「螺旋的発展」の法則に則って進化していくのである。

　昔存在していた総務の機能、**何でも屋、御用聞き、番頭機能が、合理性、効率性、生産性を高め、新たな何でも屋、御用聞き、番頭機能として存在してくるのである。**そして、再び、逆の流れ、専門化、細分化、外部化という流れとなり、万屋化、内部化、統合化を含みながら、合理性、効率性、生産性という観点において総務が進化していく。この繰り返しにより、常に総務が進化していくことが、弁証法的総務進化論なのである。

第**2**章

戦略総務に導く
「10個の問い」

1. 今の環境下で 自社は生き残れるのか?

環境の方向性をつかみ、会社を変える

━━ 自社を理解した上での環境の把握

　第1章でも記したように、戦略総務の大きな課題の1つに環境への適応がある。戦略総務としては、自社を取り巻く経済、社会、政治環境に適応し、自社が継続、発展していけるように、会社を中から変えていかなければならない。

　そして、環境について理解してほしい真実は、環境は常に変化するということである。今の環境が明日も継続するという保証はない。変化し続ける環境を注視し、その方向性を読み取り、未来に向かって自社を変えていく。この仕事は、企業が存在していく限り、永遠に繰り返されるべきものである。

「今の環境下で自社は生き残れるのか?」

　ことあるごとに自社を見つめ直すことが必要である。ただし、総務が担うべき環境適応は、働く場としての環境適応である。商品戦略や、営業戦略上の環境適応は、それぞれ専門の部署が担うべき業務である。

　今の時代、戦略総務として注視すべきテーマの1つは、政治の動き、国の取り組みである。その根底には人口減少という日本の深刻な課題がある。日本の国力の相対的低下である。政府が掲げる「一億総活躍社会」とは、人口減少の中にあっても、日本の国力維持をしていきたいというスローガンである。人口が減少しているのであれば、1人当たりの生産性を上げていかなければならず、そのための「働き方改革」の推進となる。

　当然のことながら、国が法制度もふくめて取り組もうとすることは、直接企業活動に影響を及ぼす。

「国は何をしようとしているのか?」

　国会で今何が審議されているのか、厚労省は何を考えているのか、経産

省はどうしようとしているのか。政府と官庁の動きを見つつ、その要求に対応できるようにしていくことも必要である。

第1章でも記したように、A&Rという課題の克服が戦略総務にとっての大きなテーマとなる。

「今の環境下で自社は生き残れるのか？」
この問いは、いくつかの問いにブレイクダウンされていく。
「自社は求職者から選ばれる企業なのか？」
「自社は働き続けたいと思われる企業なのか？」
「自社は働く人にとって魅力ある企業なのか？」

こと労働力不足、採用難の日本においては、この3つの問いが大切になる。この問いを発することで、自社のオフィス、人事制度、福利厚生、企業風土、それらを総称しての「働く場」の見直しをしていくことになり、戦略総務としてやるべきことを見つけていくことになる。

見直す場合に大事な点は、他社との比較において見直す相対比較と、直接それらを利用する利用者目線で見直す絶対比較がある。こと求職者の選択は、自社と他社との相対比較による。この比較において優位性を保つには、ベンチマークを常にしつつ、自社に足りない部分を積極的に取り入れる必要がある。

ただ、やみくもに他社事例をまねるのは失敗につながる。自社の企業風土や文化に適した施策、導入方法を取らないと危険である。とするならば、まずは自社についての把握が先に必要となる。

一方、絶対比較とは、自社の社員による見直しということになる。自社社員にそっぽを向かれないように、既存の制度、施策を常に見直していく必要がある。

自社社員とて、時間軸で考えると、常に同じ価値観とは限らない。育児や介護、年齢によって状況も変わってくる。そのベースとなる人としての価値観もまた、時代とともに変化していく。市民感覚の変化が利用者目線のベースとなる。

「会社の常識は、社会の非常識」という言葉がある。これは社員の価値観と市民感覚のずれを意味する。ここに企業不祥事、リスクの原因が存在する。とするならば、総務としては、この市民感覚をいかに持ち続けられるかが大事な点となる。この市民感覚で自社を見直し、改善していく。一般社会からそっぽを向かれては、現代社会において企業は存続できない。

市民感覚の維持や、社会環境への適応には、社外との接点が欠かせない。内向き志向に陥り、社内のメンバーとの接点だけで仕事をしていると、社会との意識のずれが生じ、総務として社会、市民目線で自社を見つめ直すことができなくなる。幸い総務は社外との接点が豊富にある部署である。そこを積極的に活用し、社外目線の維持と社外目線をベースとした健全な猜疑心を持つべきである。

大事なのは、社内感覚と社外感覚のずれを見つけ出すことであり、先述したように、その前提として、自社の理解が必要となる。

このように戦略総務における環境適応とは、自社の理解がベースにある中で、今の環境下で自社のずれているところ、改善すべき点を見つけ出すことであり、ただ外部状況の把握に努めることではない。

課題とは、理想と現実とのギャップであり、環境と自社とのギャップが改善テーマとなるのだ。**環境を把握し、自社を理解し、その上で「そもそも、今の環境下で自社は生き残れるのか？」を問うてほしい。**

2. 総務の成功とは
何を意味するのか?

経営の方向性をつかみ、全社目線で推進する

■ 経営目線での全社最適を考える

　環境適応とは、会社の存続と発展のために行うものであり、総務の成功とは、それを実現することが1つのものさしである。そもそも、総務は会社ありきであり、会社が存在してはじめて総務が存在する。会社に必要な組織としての総務であるなら、その会社に貢献しなくては存在する意味がない。目の前の仕事に向き合うだけではいけない。

　総務では日頃から、現場からの依頼事項が殺到する。それに対応することで、「やった感」が得られ、仕事をしたという充実感が得られる。しかし、冷静に振り返ってみると、果たして会社の成功に結び付いた仕事なのか、という疑問も湧くはずである。戦略総務として意識したいのは、何をしたか、ではなくて、その仕事が何をもたらしたのか、という視点である。

　会社の発展が総務の成功であるなら、会社が向かうべき方向性と合致する必要がある。会社が向かうべき方向と異なる方向に総務が進んでしまったら、会社の舵取り役である経営者から評価されることはない。経営者から評価されなければ、苦労してやったことの意味はない。

「総務のオーナー」と「総務のユーザー」という言葉がある。総務のお客さんは現場社員であると言われるが、総務が従うべきは総務のオーナーである経営者である。経営者の意に沿わなければ総務メンバーを配置転換、異動させることができる。あなたが総務で実績を上げたくても、それを阻止することができる。

　一方、総務のユーザーとは現場社員のことである。ユーザーという意味は、総務が決めて買った物を使う人であり、総務が決めたルールを守る人であるからだ。ユーザーよりオーナーの指示の方が優先順位は高いが、ユーザーの意向をくんであげなければ、総務の施策は受け入れられない。現場社員にそっぽを向かれては、総務は仕事がしにくくなる。

まずは総務のオーナーである経営者の考えをしっかりと理解する必要がある。その期待に応えることが、総務の成功となる。

「総務の成功とは何を意味するのか？」
　この問いは、次のような問いにブレイクダウンすることができる。
「経営者はいま何を考えているのか？」
「経営者が総務に期待していることとは？」
「会社の発展のために総務ができることとは？」

　そうなると、経営者が考えていること、経営の方向性を常に意識することが必要となる。もっと言えば、常に経営者とコミュニケーションを図ることが必要となる。経営者が何を考え、何をしたがっているのか。その実現に向けて総務でできることとは何なのか。経営者の考えと総務でできることの接続を考える。
　そう考えていくと、総務のできる仕事の範囲、総務が影響をおよぼすことのできる範囲を把握しておくことが必要となる。
　特に大事なことは、総務の管轄である働く場の可能性を常日頃から考えておくことである。場の作用、その場で働く人への場の持つ影響力である。働く場の、働く人への五感を通じた影響力である。
　再三再四述べている人口減少時代にあっては、特に、働く人の効率性向上と創造性の向上が大事となる。この2つの項目を改善する、さらに向上させる場の持つ人への影響力を研究することが、戦略総務の1つのテーマとなる。働く場を作るにも、単に物理的に場をしつらえるのではなく、社員目線で、人間工学的視点から企画し、構築していくことが大事である。
　経営の4要素、「ヒト」、「モノ」、「カネ」、「情報」。この中で総務の管轄となるモノ。今の時代は、このモノにヒト目線を加えて考えることが大事なのである。総務でしつらえる全てのモノには、必ず人への作用が存在することをあらためて理解してくおくことだ。

　全社目線とは、総務のオーナーと総務のユーザーとのコミュニケーショ

ンにおいて特に大事な視点である。総務が新たな施策を提示する際、その
ときの主語の選び方が重要なのである。「私がこう思う」、「総務としてこう
したい」ではなくて、「全社として」、「会社としてこれがベストだと思う」
というように提示し、説明するのである。ある意味、それは経営目線であ
ると言える。経営として考えるとは、全社目線と同義である。

　総務としての個別最適目線ではなく、全社を通じての全体最適で考えて
いることを示すのだ。総務の役割の1つとして、全社最適で考えることが
求められる。個別最適に陥りがちな現場とは違い、経営者に近い総務とし
ては、常にその目線で考え、行動することが、特に経営者からは求められ
ているはずである。経営者と同じ景色が見えるくらい高い目線で、全社を
通じて考えることを訓練しておきたい。

「総務の成功とは何を意味するのか？」

　この問いは、総務自身が経営者の目線に立って発すると効果を上げる。
経営者として考えた場合、総務に対して何を期待するのか。何をしてほし
いのか。**総務自身で課題を見つける場合、見つけた場合、まずは経営目線
で考えるべきである。**

「経営者として、この課題にどう対処してほしいのか？」

3. 総務のその施策を 誰が利用するのか?

現場の空気感をつかみ、利用者目線で推進する

■ 経営者と社員の間に立つ意味を考える

　前項は総務のオーナーである経営目線の重要性を示した。本項では、総務の施策、総務で購入したものを利用する現場社員目線の重要性を示したい。ここで大事なことは、利用者の価値観の多様化、ライフスタイルの多様化、それに基づくワークスタイルの多様化の理解である。

　経済成長の右肩上がりが続いていた高度成長期、この時代はある意味、24時間、365日働く企業戦士の時代であった。単一の価値観の下、作れば売れる時代。欧米を追い抜き追い越すことに全てをかけていた時代。同一商品の大量生産がスタンダードであり、ライフスタイルも一律、画一的なものであった。

　ときは流れ、今はダイバーシティの時代。多様な価値観を持つ、様々な人が同一組織内にいる。国籍も違えば言語も、そして文化までも異なる人が同一組織内にいる。このような時代において大事な視点は、「個の把握と個への配慮」である。

　個々のライフスタイルが異なり、またそのライフスタイルにワークスタイルが左右される。独身生活から育児、年齢が進むと子どもの行事への参加、さらに介護の問題。同じメンバーであっても、時間軸で捉えるとライフスタイルが大きく変化していく。

　さらに個々人の持つ価値観。1人として同一の人間はいないという事実に基づくと、社員の数だけ把握する状況が存在することになる。同じ施策、画一的な施策では対応できない時代である。

「総務のその施策を誰が利用するのか?」
　この問いは、いくつかの問いにブレイクダウンされる。
「当社にはどのような属性の社員が存在するのか?」

「その社員にとって快適な働く場とは？」
「そして、その社員に向けた施策は利用されているのか？」

　戦略総務としては、そのような多種多様な価値観、ライフスタイル、それに基づくワークスタイルに対して、数多くの選択肢を与え、その時々、社員に自立的に選択してもらうようにすることである。

　例えば、ワークプレイス。画一的な島型対向レイアウトと別フロアに用意された会議室というスタイルから、執務室内に作られたオープンなコミュニケーションスペースとフリーアドレスといったコミュニケーション活性化を促すワークプレイス。

　それだけではなく、真剣な討議の場や1人で集中できるスペース。そのような多様なワークスタイルの選択肢を提供し、社員がそのときに最も効率性が上がる、創造性が発揮できる場を作り、選んでもらう。福利厚生施策も同様に、社員寮や保養所のような画一的なハコものから、それぞれのワークスタイルに適したメニューを取りそろえたカフェテリアプランに移行している。

　このような多様な選択肢を提供する前提としては、社員へのヒアリングが欠かせない。数多くの意見を収集して、その中から仮説を立て、総務がトライ＆エラーを繰り返し、適したものを探していく。

　とかく失敗を嫌う総務としても、とにかく一歩を踏み出してみないとわからないことは多い。提供してみて、不評であればすぐに改善していく。この素早い動きが必要となる。満を持して、失敗の少ない施策の提供より、リカバリー、修正能力の高い総務の方が、今の時代において求められているのだ。

　そして、総務で提供しているサービス、施策についての利用状況を毎年把握し、次年度施策の改善テーマを見つけていく。把握した利用状況とその改善策について、経営者に報告していく。報告しつつ、経営者を巻き込み、経営者の意思としての改善策としていく。先の項で説明した、全社として、経営として、という枕ことばで進められる状況にしていく。その結果、総務の施策は経営者の意思が反映されている、経営者も総務の施策に

関心がある、そのような見え方が可能となる。

　総務の権威づけといったらいやらしいかもしれないが、それを続けることで、総務のステイタスは確実に上がっていくのではないだろうか。

　さらに、前項で説明した総務のオーナーと総務のユーザーの橋渡しにも役立つ。経営者としては、現場の生の状況を知りたいはずであり、総務が常に総務のユーザー目線で物事を考えていることがわかれば、経営者としても何かと総務を頼りにするはずである。現場社員の効率性と創造性を高めることが必須の経営課題である中、その現場社員の状況を把握し、しっかりと仮説を立てている総務に期待するところは大きくなるはずである。

　また、総務が現場の状況を経営者に常に伝えることで、現場に負荷のかかる経営判断も緩和されるはずである。そのことが総務のユーザーに理解されれば、総務への信頼感と頼りがいも醸成される。**総務は経営者と社員の間に立っているという絶好のポジションにいるということをしっかりと理解し、双方にとって期待される役割は何かを考えていくことが大事である。**

4. その仕事、やる意味があるのか？

仕事の目的を再定義し、常にゼロベースで思考する

■ 変化を起していくためのゼロベース思考

　政府をあげての働き方改革の推進。その中心となる総務自身が働き方改革をしているかというと、ずいぶんと心もとない。日本のホワイトカラーの生産性は世界的に見ても低い。その中でも、おそらく総務の生産性が最も低いのではないだろうか。タコツボ化、属人化の権化のような部門である総務。ここが働き方改革、仕事改革を実現しないことには、全社を変える働き方改革の推進は難しい。

　「見えない、測れない、改善しない」。ホワイトカラーのいけないところとして表現されるこの言葉は、まさに総務のこと。誰がどんな仕事をしているのか、総務メンバーですら判然としない。改善するには仕事の可視化が必須。総務の仕事を全て洗い出し、可視化をすべきである。

　可視化は、その業務のプロセスもさることながら、その目的の可視化がまずは必要となる。その仕事の必要性の明確化である。かのドラッカーも言っている。「最も非効率な仕事は、本来やらなくてもいい仕事を効率化することである」。やらなくてもいい仕事をいくら効率化しても、そもそもやる必要のない仕事なのであるから、はなからやめてしまえばいいのだ。やめてしまって現場からのクレームがなければ、そのままやめてしまうのだ。

　「その仕事、やる意味があるのか？」

　この問いは、全ての仕事に向けて発するべきである。小手先の業務改善ではなく、本質的にその仕事が必要なのかどうかを見直してみるのだ。この問いはいくつかの問いにブレイクダウンすることができる。

　「その仕事、誰が必要としているのか？」

　「その仕事、今、やる必要があるのか？」

「その仕事、何を目的としているのか？」

　問い方は異なっても、意味することはその仕事の定義の必要性、仕事の目的の把握である。

　業務効率化の進め方の順序は、「やめる、減らす、変える」である。

　やめるは、「その仕事は必要なのか？」、「その仕事、やめてしまうと困る人がいるのか？」

　減らすは、「そんなに必要なのか？」、「そこまでする必要があるのか？」

　変えるは、「そのやり方でやらないといけないのか？」、「他のやり方でやってはいけない理由があるのか？」

　戦略総務として必要なのはゼロベース思考である。あるいは、健全な猜疑心である。昔からそのようにしてきたから、先輩に教わったから、その方が慣れていて楽だから。このような思考はナンセンスである。

　先に記したように、自社を取り巻く環境は常に変化している。その変化に適応するためには、従来の仕事の仕方を見直さなければならない。そもそもその仕事の存在意義が、とうの昔になくなっているかもしれない。利用者がそこまで必要としていないかもしれない。ITの進展に伴い、さらに効率化された仕組みが存在するかもしれない。従来の仕事を、その目的から方法まで、全て疑ってかかる姿勢が戦略総務には必要だ。

　毎年、来年の予算を策定する時期に、既存業務をゼロベースで見直してみる。それも抜本的に、大胆に疑ってかかる。例えば、

「本社オフィスをなくしたら、どうなるのだろうか？」

「社有車を全て廃止したら、どうなるのだろうか？」

「福利厚生制度を全廃したら、どうなるのだろうか？」

　この問いを突き詰めていくと、その本質的な意味が見えてくる。本社をなくしたら、何のための本社なのか、本社として最低限必要な機能とは、本社の本質的な意味とは。その見直しをすることで、結果として、今の状態がベストであれば、それはそれでよい。何も見直さないで、漫然と継続していく状態だけは避けなければならないのだ。また、一度見直したとしても、環境は変化している。常に見直すことが必要である。

第 2 章　戦略総務に導く「10個の問い」

　ゼロベース思考とは、全ての制約を取り払って考えることである。逆に言うと、全てのものを受け入れる、取り入れてみようとする柔軟な思考でもある。イノベーションとは多様性から生まれる。あるいは、イノベーションとは組み合わせである、とも言われる。新たな組み合わせにより、仕事の仕方のイノベーションが生まれる。そうであるなら、戦略総務としては、積極的に部外の人との接点を持ちつつ、様々な意見に触れ合うことが大切となる。

　その中から、できないという制約を見つけるのではなく、どうしたらできるのだろうかというポジティブな姿勢で考える、チャレンジ精神も持っていたい。**変化なくして進化なし。そのような意気込みで、変化を起こしていく、そのためのゼロベース思考と捉えてほしい。**

「その仕事、やる意味があるのか？」、
「このやり方でやってはいけないのか？」
　セットで使いたい問いである。

63

5. あなたは何がしたいのか？
どうしたいのか？

あるべき姿を常に思考し、より良い働く場を目指す

■■ 環境適応を目指し、あるべき姿をイメージする

現実と理想のギャップが課題である。戦略総務が行うのは、会社を変えることであり、このような会社にしたい、このように会社を変えていきたいという理想、あるべき姿をイメージして、その姿の実現を目指す活動である。なので、戦略総務にはあるべき姿をイメージすることが必須となる。

「あなたは何がしたいのか？　どうしたいのか？」
この質問はそのあるべき姿を問うことである。
「車両管理のあるべき姿とは？　理想の車両管理とは？」
「本社のあるべき姿とは？　理想の本社とは？」
このようにして、それぞれの担当範囲の中で考えていく。

あるべき姿を考えていく際には、いろいろな視点が必要となる。総務のオーナーと総務のユーザーについては先述したが、総務のオーナーである経営者の視点もあれば、総務のユーザーである現場社員の視点も必要となる。そして企画運営側である総務の視点。サプライヤー、パートナーの視点も必要だ。この4者の視点を持ちつつ、あるべき姿をイメージしていく。

ときとしてこの4者の視点が相対立するケースも出てくる。そのため優先順位をつけなくてはならず、すでに記しているように、オーナー、ユーザー、総務、パートナーの順で判断していくことになる。パートナーをないがしろにすると言うのではない。パートナーの視点も加味することの重要性は理解してほしい。

会社を変える総務の施策は投資であり、大きな金額が必要となるものもある。手続き上、稟議を通さないと実施できず、経営の承認が必要となる。また、総務の仕事は総務のためにするものではなく、現場社員という対象

がいるものが大変多い。利用者目線なくしては、費用をかけたにもかかわらず使われない事態にもなりかねない。常に経営者と社員目線で判断、考えることが大切である。

このあるべき姿は、迷ったときの軸となる。日本では往々にして手段が目的となりやすい。例えば、働き方改革。働き方を変えることが目的ではなく、人口減少時代においても自社が成長していけるように、効率性を高め、創造性を高めることが目的である。だとしたら、ツールを入れるだけ、制度を変えるだけではその目的は果たされない。ツールを入れてどのような働き方ができて、それにより何が達成できたらいいのか。利用が続き、定着されたあかつきにはどのような働き方となっているのか。結果、それにより何が改善され、どのように会社の成長と結び付いていくのか。

よくあるのが、その手前のツールの選定で議論が紛糾するケースである。Aがいいのか、Bがいいのか。経営者目線も社員目線も忘れ、総務目線だけで選定しようとする。議論が矮小化して、機能の良し悪し、サプライヤーの選定から入ってしまう。

「そもそも、このツールを導入することで、何がしたいのか？　何を実現したいのか？」、「ツールを入れることで、どのような働き方を実現したいのか？」。ことあるごとにその目線に立ち返り、そもそも実現したかったことを目指すのである。そして、その実現に最も寄与するツールを探し、そのツールを最も良い条件で提供するサプライヤーを探すのだ。

なお、このあるべき姿も時代の流れにより変化してくる。例えば福利厚生。高度成長期、バブル期までは、企業丸抱えで社員の生活の面倒を見ようとしていた。それから終身雇用が崩れ、大企業であっても、時として倒産する時代。社員が自立して生活が送れるような自立支援へと福利厚生の流れも変化している。つまり、今の時代のあるべき姿をイメージしていくのである。

時代の変化、その変化のベースは、人の生き方、ライフスタイルの変化がベースとなってくる。そこに政治や社会の動きが反映され、国の施策、法改正へとつながっていく。

環境適応という言葉を何度も使ってきたが、あるべき姿もベースは環境

適応の結果である。今の環境下においての理想形を求めることである。

ライフスタイルが変化し、ワークスタイルが変化し、ワークプレイスが変化していく。この一連の流れを意識して、あるべき姿をイメージしていきたい。

あるべき姿は、いろいろな要素の塊としてのあるべき姿である。となれば、どれだけの要素に分解できるかが大事となる。どれだけの要素に気づくかということでもある。

先の目線の話でも、総務目線だけではなく、経営者目線、社員目線が必要なように、さらにもっと多くの要素から形作られる。例えば、車両管理。車両の選定から、駐車場、保険、社内免許制度、事故対応、車両の維持管理方法、などなど。それらについてあるべき姿を考え、その集大成が車両管理のあるべき姿となる。

ここでも大事なのがゼロベース思考。制約を設けずにイメージしていく。できない点を探すのではなく、どうしたらできるかを考えていく。

「私は何がしたかったのか？」

常に自問自答し仕事を進めていきたい。

6. その問題の本質的課題とは?

全体を見て、長期的に考え、本質を捉えていく

■ 長期的、全体的、根本的にあるべき姿を考える

　総務には日々、現場からの依頼や問い合わせが舞い込んでくる。その場でできることもあれば、総務として検討して答えを出さなければならないもの、経営者の判断を仰がないといけないものなどさまざま。どの場合でも避けたいのは、現場の言うままに対応することである。結果としてそれが最善の対応方法であっても、総務としては一度その依頼や問い合わせの、その奥にあるものを見定めることである。

　「その依頼の大元の課題とは、何なのか」を考えることである。対処療法的に片づけるのではなく、「なぜその事象が生じたのか?」、その本質的な課題を把握しようと努めることが大事である。
　「この部署だけ、この地域だけの問題なのか?」
　「この時期だけ生じる問題なのか?」
　「この機械を変えるだけで問題が解決するのだろうか?」
　根源的な要因を探し出し、大元の原因を見つけ、そこを改善していく。

　トヨタで有名な「なぜを5回繰り返す」。これは総務においても大事なことであり、本質的な課題にたどり着かないままだと、その後、繰り返して同じ事象が生じることも多く、いつまで経っても収束しない、ということも起こり得る。元を絶たなければならないのである。
　そうなると、現場からの課題への対応方法も異なってくる。「はい、わかりました!」と、そのまま対応するのではなく、「いつ生じるのか?」、「何をしたらこうなったのか?」、「誰が行うとこうなるのか?」、「いつもどこで生じるのか?」などと、根掘り葉掘り聞き、その本質的原因をつかむ努力が必要となる。

67

確かに、総務も相手も忙しいさなかに難しいかもしれないが、繰り返し生じないようにしたい、という思いを伝えてヒアリングしていきたい。この姿勢を繰り返すことで、総務の姿勢が全社に認知されていく。現場社員にもその姿勢は伝わっていき、総務に依頼する際に、総務が聞きたいポイントを伝えてくれるかもしれない。総務は日々現場社員との接点がある。その接点を通じて現場社員の啓蒙活動ができるかもしれない。

　先の項目で記した「あるべき姿」を考えるのも、本質的な理解がないと進まない。ある意味、「あるべき姿」とは、本質的な課題を解決した理想の姿であるとも言える。

　例えば、パンデミックのBCP、事業継続計画。継続という名称が付いているので、いかに事業を継続するかが本質的課題と思われるが、専門家に言わせると、「いつ事業をストップするか」が最大の課題であると言う。事業を再開するより、中断する判断の方がはるかに難しいというわけである。

　例えば、車両管理の本質的課題。社有車というモノの管理に主眼が置かれるが、そもそも車両は営業効率を上げるためのツールである。本質的課題は、いかに効率良く営業活動ができるかという点である。このようなコトの解決が本質的思考の前提となる。その点を常に意識して、日々生じる目の前の依頼事項、要望や課題に対処していく。

　思考の3原則として、「長期的に考える、全体的に考える、根本的に考える」というものがある。先に記したものは根本的に考えるというものに当たる。

　長期的に考えるとは、長期的に見て、どちらがお得か、どちらが環境に良いか、どちらが続くかといったように考えることである。短期的な効果が見込まれても、長続きせず、結果的に元の木阿弥では困る。継続し、定着し、効果が出続けるものとして判断したい。継続は力なり、塵も積もれば山となる。

　また、元に戻るのを避ける意味でも、長期的に見てどうなのかを判断すべきである。戦略総務とは会社を変えることである。だとしたら、変わら

ない施策は意味がない。着実に変化を実現できる施策を考えるべきである。

　全体的に考えるとは、全社として考える、つまりは経営者目線で考えると言っていい。私として、総務としてではなく、全社として考え、表現する。総務の仕事は、経営者に理解、承認され、社員に理解、納得されないと実行されない。その場合に必要なのが、この全社目線なのである。「全社のために、会社としてはこうした方が良いと判断した」というフレーズである。一総務担当者が判断してはいるものの、その考える視点のベースが「全社」となっているということである。

　再三繰り返すが、「あるべき姿」を考える際もこの視点は必要となる。独りよがりの考えではなく、全社として長期的に判断した結果である、ということである。当然そこには本質的な課題の理解もあるという前提だ。

「長期的に考える、全体的に考える、根本的に考える」。この3つの思考を実践して、対処療法的に対応するのではなく、本質的課題に結び付け、繰り返し発生する課題を減らしていきたい。

7. 社員のことを知っているか？
社員に知られているか？

対象は常に働く人。良好な人間関係の構築を目指す

■ 現場を知るとともに現場に知られる

　総務のユーザー、社員目線の重要性は重ねて強調してきた。総務の仕事は社員に理解して守ってもらう、使ってもらうことが大半であるからだ。

　利用者目線の把握のために、よく言われるのが「MBWA（Management By Walking Around）」、「ぶらぶら総務」である。現場に出向き、社員とのコミュニケーションを通じて、現場感を養う。現場をぶらぶらして、現場の動き、雰囲気を肌で感じるのである。

　現場からの依頼事項をメールや電話で済ますのではなく、時間があれば直接現場に出向き対応、説明を行う。ぶらぶらする絶好の機会である。それをきっかけに、働く上での課題や不安、要望などをヒアリングしていく。

　このコミュニケーションを通じて、現場を知るのである。そして、この時把握した現場感をベースにして、利用者目線に立ち、施策を考えるのである。現場社員になり代わり、どれだけ現場社員に迫れるか。総務の施策を進める大事なポイントである。

　なので、総務に異動する前に現場を経験しておくと、なにかと有利である。私もリクルートで、総務の前に経理で仕事をしたことがある。経理の前が営業であった。なので、経理で伝票処理をする際、その伝票を通じて現場の動きが手に取るようにイメージできた。

　このように、総務で仕事をする際、現場の動き、気持ちがイメージできれば、総務の施策が現場に理解されるか、受け入れられるかのざっくりとした判断ができる。総務一筋、現場経験が持てない場合には、積極的に現場に出向く必要がある。積極的にぶらぶらするのである。

　ぶらぶら総務として、現場を知ることもさることながら、実はもっと大切なことが、現場に知られるということである。とかく総務は何をしているかが理解されない、誰でもできる仕事をしていると思われている。なの

で、現場に出向く機会があれば、先述した現場の把握とともに、総務について、総務の目指していること、そして自分について知ってもらう絶好の機会と捉えたい。

総務が何を考え、何をしようとしているのか。会社をどうしようとしているのか、そのために今期は何をしようとしているのか。その中で、自分が何をしているのか。会社を良くしようとしている思い、会社を中から改善しようとしている、その思いと施策を伝えていくのである。

総務が目指すべきは、ある意味、総務のファン作りである。総務がしようとしていることを理解してもらい、共感、そして応援してもらう関係性を作るのである。この社内の良好な人間関係が総務の仕事をやりやすくするのである。

総務を知ってもらうことで情報も集まってくる。総務が何をしようとしているかが理解できれば、それに関する情報も提供しやすくなる。その際、忙しいオーラは醸し出さないことである。現場からの依頼や要望、情報提供には快く応対し、感謝する気持ちが大切である。日々忙しいとは思うが、この姿勢が後々効いてくることになる。

総務の仕事を進める上で欠かせないのが、社内のインフルエンサーとの良好な関係性である。インフルエンサーとは、社内で影響力を持っている社員のことである。組織図上の力関係ではなく、例えば優秀な営業パーソンや、技術者、場合によっては部付の庶務がインフルエンサーであったりする。

リクルートでは、この部付の庶務がインフルエンサーであった。営業部長よりも部内での影響力があったものだ。部内のメンバーは部長より庶務の言うことを聞く。なので、この庶務との関係が良好だと、その部に対する依頼事項はスムーズに進められる。その逆の事態だと、非常に難しい状態となる。想像がつくと思う。このようなインフルエンサーとの良好な関係が、アナログではあるが、大変大事となる。

なので、このインフルエンサーを把握することが必要となる。ある会社の総務部長は、現場に出向くとしばらくその場にたたずみ、社員の動きを観察するという。現場で誰が影響力を持っているのか、現場の雰囲気から

つかもうとしているのだ。

　また、総務のことを知ってもらうには、現場でのコミュニケーションだけではなく社内メディアの活用も必須である。社内報での総務部紹介、メンバー紹介、お仕事紹介。総務で進めているプロジェクトの紹介など、積極的に、総務について掲載してもらうことも必要だ。あるいは、総務としてメディアを発行してしまうのもありだ。先述した、リクルートの総務通信のように。

8. あなたの周りにプロはいるか?

外に仲間を見つけ、総務の懐の深さで勝負する

■ 情報源の多様化は総務の大きな武器

　総務には、それぞれの担当分野においての専門知識が必要である。法的な知識であったり、技術的な知識、財務的な知識などだ。技術的な知識となるとICTの最新技術、クラウドの最新サービス、IoTやAI。少しでも情報収集を怠ると時代から取り残されてしまう。自ら情報を得ようとして、サイト検索しようにも、その言葉すらわからないケースも多い。

　総務のメンバーがその知識を自らで習得できればいいが、総務の仕事の幅は広く、また奥も深い。先述した技術の進展もある。結果、今は、自ら知識を保有する「Know How」より、「Know Who」の時代であると言える。

　知っている人を知っている、という意味である。その分野の専門家、プロフェッショナルとの外部ネットワークを構築しておくことである。その専門家を頼り、困った時は助けてもらう、教えてもらう。いつでも気軽に相談できる間柄を構築しておくのである。

　助けてもらうには、その関係性が重要となる。この場合の専門家とは、弁護士や社労士といった士業、コンサルタントだけではない。日ごろ出入りをしているサプライヤー、ベンダーといったビジネスパートナーも該当する。そのビジネスパートナーを、いわゆる業者扱いすることは絶対にやめるべきである。士業の専門家もビジネスパートナーもある分野のプロフェッショナル、良好な関係性を持った外部ネットワークの構築が必要なのである。

　相手も人間である。業者として、金を払っている相手として見下されては、ベストなパフォーマンス、質の高いアウトプットは提供してくれない。金額に見合った分のぎりぎりのアウトプットが提供されるだけである。ビジネスなので、それはそれでいいのだろうが、総務としては、さらに付加価値の高い情報を恒常的に得られる外部ネットワークの構築をしておきた

い。そのためには、プロとして、専門家として相手をリスペクトする。自分の仕事を進める上で欠かせないパートナーとして応対する。この姿勢がないと有効な外部ネットワークとして機能はしない。

さらに、良好な関係性もさることながら、その外部ネットワークを増殖させていかないといけない。ネットワークの幅を広げる、深める努力をしなければならない。そのために戦略総務としては、社内に閉じこもった内向き総務ではだめであり、積極的に外に出ていかないといけない。展示会であったり、フェアであったり、ショールームに出向く。あるいは、飛び込みをふくめ、積極的に営業を受ける。

ある一部上場の大会社の総務部長経験者は、総務部長時代に、時間がある限り、飛び込みの営業であっても、応対していたそうである。積極的に情報収集するために営業を受けていたのである。

私もリクルートの総務時代、営業の方には、その会社が提供できる全ての商材、サービスについて説明してもらっていた。自分の引き出しの中身を増やすために積極的に教えてもらっていた。

このような積極性を見せておくと、サプライヤーも良い情報があると積極的に提供してくれる。そして、自らの課題感、総務として考えていることを伝えることで、さらに精度の高い、有益な情報を提供してくれる可能性がある。こちらの情報、考えていることも提供しながら、上手にほしい情報を収集していくのである。

総務は営業を断るのが仕事のように思っている節がある。確かに忙しいさなかに、飛び込み営業の対応は勘弁してもらいたい。しかし、情報提供者が向こうからやってきたのである。こちらから探さなくても、依頼しなくても来てくれたのである。少しでも時間があるのであれば、名刺交換はしておき、改めて時間があるときに相手のことを知る努力はしたいものである。

第1章で記したが、今は「VUCA時代（42ページを参照）」。丸腰では戦えない。**何が起こるか想定できない時代においては、情報源の多様化は総務としての必須の武器となるはずである。**

また、サプライヤーとの関係ではあるが、サプライヤーもその分野のプ

ロ。企画部門には相当の情報や事例が蓄積されている。総務から積極的にそのナレッジをいただきにアプローチするのも効果的だ。特に総務としては、他社事例をなかなか知り得ないので、そのサプライヤーの他の顧客の事例を紹介してもらう。場合によっては、その顧客を紹介してもらって、総務同士で情報交換してみる。サプライヤーとしては、頼られて嫌なことはなく、積極的に対応してくれるはずだ。

　サプライヤーとの関係性は深めつつ、こちらの目指すあるべき姿も伝えて、サプライヤーに進化してもらうことも大事である。逆に、サプライヤーとの関係性を深めつつ、総務自らも進化していき、サプライヤーにとって理解ある顧客となることも大事である。

　サプライヤーにとって総務も進化した相手となり、逆にサプライヤーも総務にとって進化した相手となれば、双方WIN-WINの関係となることができる。お互いが良い影響を与える関係となることが望ましい。

9. 社員、経営に、
あなたは信頼されているか?

常に期待を上回り、売れる総務で施策を実践する

■■ 良い意味で期待を裏切り評判を高める

　総務の仕事は、総務が企画し、承認してもらい、そして現場に使ってもらう、守ってもらう、という仕事が多い。そのベースには現場からの信頼感が必要となる。総務がやろうとしていることを理解してもらい、納得してもらわないことには、総務が企画してやろうとしていることが意味をなさない。この実行フェーズの前、企画し、提案する際にも、総務に対する信頼感がものを言う。

　私が理事をしている一般社団法人ファシリティ・オフィスサービス・コンソーシアム（以下FOSC）の副代表理事、クレイグさんがよく使う言葉に、「売れる総務」というのがある。この売れる総務になるためには、総務に対する信頼感が必要となってくるのだ。

　総務が企画し、提案したものを上司や経営者に承認してもらう。そしてそのアイデアを経営者に買ってもらわないことには実行に移せない。つまり、自らのアイデアが売れなければならないのだ。

　では、売れる総務となるためにはどうしたらいいのか。

　FOSCでクレイグさんが提唱している「FMクレド15か条」の中に、評判管理と期待管理というクレドがある。期待に応え続けていくことで、評判を高めるというものだ。これをベースに売れる総務になるための方策を考えてみよう。

　売れるためには、それを提案する総務担当者への信頼感とともに、高い評判が必要となる。「Aさんが提案する施策はいつも効果を上げる」、「Aさんはいつもすぐに対応してくれる」、「Aさんは期待を裏切らない」など、総務担当者の評判が高ければ、提案されるアイデアも売りやすい、買ってもらいやすくなる。

　となると、いかに評判を高めるか、という問題が出てくる。そのために

は、良い意味で期待を裏切ることがポイントである。

　総務には現場からの依頼事項が押し寄せる。申請書がほしい、電球が切れたなど、このような依頼事項が寄せられた時が評判を高める絶好の機会となる。その際、素早く対応したり、利用方法をマニュアルとともに伝えたり、想定されるその先の課題についても対応してあげるとか、いつもより質や量を上げて対応してみる。依頼者が期待している以上に対応してあげることで、良い意味で期待を裏切り、結果的に総務に対する評判が高まる。

　私もリクルートの総務時代、小さな依頼事項ほど素早く対応したものだ。小さな依頼事項は相手の期待値は低く、それに対して速攻で対応してあげると、依頼者は大いに感謝したものだ。

　「おまえには、負けたよ！」、そのように言われることを目指して対応していた。ある意味、相手に「貸し」を積み上げていく。そして、こちらからの依頼事項の際には、その「貸し」を取り崩すイメージである。相手も人間である、一生懸命対応してくれた人をむげにはできない。

　このように対応し続けていくと、「あいつはフットワークがいい」、「いつもよく対応してくれる」、「いつも本当に助かる」と、評判が高まってくる。

　つまり、戦略総務として、会社を変える大きな施策を実行するには、日頃の地道な対応をおろそかにせず、良い意味で期待を裏切る対応をし続け、総務の評判を高めることが大事なのである。

　「あいつが言うなら大丈夫だろう、任せてみよう」、ということでアイデアが売れるのである。

　さらに期待管理を続けていくと、総務のファン作りが可能になる。総務には社内の良好な人間関係の構築が必要と先述したが、その究極の姿が総務のファン作りだろう。そこまでいかなくとも、良好な関係作りができれば、いろいろと情報が入ってくる。

　昔、リクルートの社内報制作担当部署、かもめ編集室は、社内のゴミ捨て場を目指していたと言われている。物理的なゴミではなく、社員の気持ちのゴミ捨て場である。かもめ編集室に来ては、社員が今感じていること、不安や懸念、不満や愚痴、課題感、そんなことを言いに来ては、すっ

きりして職場に戻って行く。そんな気持ちのゴミ捨て場である。これはかもめ編集室に相当な信頼感がないとできない。社員はここで本音を吐露し、そして楽になって、また仕事にまい進していく。ある意味、メンタルヘルスの1つの施策でもある。

　結果、社員の今の気持ちや課題が収集できる。そこから、社内の課題や会社を変えるアイデアが見つかっていく。総務にも気軽に人が立ち寄り、悩みや課題を言える環境作りが必要であろう。

　さすがに人事では言えないだろうし、経理や情シスではないだろう。総務が一番社員に近く、良い意味で警戒されない部署であるはずだ。社内のカタルシス（心の中に溜まっていた澱のような感情が解放され、気持ちが浄化されること）担当部署としての総務であってもいいのではないだろうか。

**　総務への信頼感により、様々な情報が入り、アイデアが湧く。総務への高い評判により、アイデアが売れ、会社を変えることができるのだ。**

10. あなた、総務のプロになりたいの?

圧倒的な当事者意識で、会社を変える総務のプロとなる

■ あるべき姿を描き、プロとして会社に貢献する

「プロフェッショナル」の語源をご存じだろうか? そもそもプロとは、「社会への貢献」と「全力の発揮」を神に宣誓する人であり、「宣誓」、英語で「profess」することから、「Professional」という言葉ができていると言われる。

社会への貢献、全力の発揮。総務に置き換えると、「会社への貢献」、「総務の総力の発揮」となるであろう。つまり、総務のプロは、持てる力をフルに使い、会社に貢献する人と言える。

とすると、総務のプロとして意識したいことは、「何をしているか」ではなく、「何をもたらしているか」ということになる。今している仕事が会社に貢献しているか、そのことを常に意識することである。総務は往々にして目の前の雑務に追われる。質はともかく仕事の量は多い。結果、仕事の「やった感」は十二分に感じることができる。しかし、振り返った時に、一体何をしてきたのだろうかと感じることも多いはずだ。何をしているかではなく、その仕事が結果として、何をもたらしているかを考えて仕事をしたい。

総務のプロは会社に貢献する。そのためにまず必要な心構えとしてあるのが、当事者意識である。FOSC副代表理事のクレイグさんが提唱している「FMクレド15か条」第一条に「This is MY building」と、当事者意識の大切さを説いている。

直訳すると「これは私の建物、自分の家と思いなさい」となる。意味するところは以下である。

街中を歩いている時、足元にゴミが落ちていても拾うことはまずないだろう。家の前にゴミが落ちていたら、微妙である。拾う人もいれば、拾わない人もいるだろう。では、自分の家の居間にゴミが落ちていたら? 多

79

くの人はそのゴミを拾うだろう。街中では拾わなかったゴミを、なぜ家の中では拾うのか？　この違いが当事者意識なのである。街は自分のモノではないが、家は自分のモノである。自分のモノであると意識すると人は動くのだ。

では、自分の仕事ではどうであろうか？　自分のモノであると、強烈な、圧倒的な当事者意識を持って対処しているだろうか？　自分の担当だから、しょうがなく仕事をしていないだろうか？

総務のプロは、この圧倒的な当事者意識を持ち、日々自分の仕事に励んでいる人である。自分がやらないで誰がやる、やるからには徹底的にやろう、そのように思う人である。従来通りのやり方には満足せず、ゼロベースで考える人である。目的を明確にし、その目的であれば、やり方を変えることをためらわずできる人である。

この当事者意識があることで、次に生まれる行動が、自分の担当業務のあるべき姿を描くことを描くことである。このことをFOSCのFMクレドでは次のように表現する。「FM is MANAGEMENT（自分の経営概念を持つ）」。経営とは、あるべき姿を示し、ロードマップを描き、皆を先導することである。このあるべき姿の重要性をこのクレドでは説いている。

当事者意識を持つことにより、担当業務のあるべき姿を描く。理想の車両管理とは、オフィスレイアウトとは、福利厚生とは。この理想のあるべき姿をイメージすることが大切なのだ。この理想と現実のギャップがやるべき課題となるのだ。

あるべき姿がなければ、何も考えず、ただ目の前の仕事を、思考停止状態で処理するに留まる。先に記した「何をもたらしているか」ではなく、ただ単に「何か」をしている状態に留まる。理想と現実のギャップを意識して、その改善に取り組めば、「何をもたらしているか」の仕事となる。

さらに総務の仕事はFMクレドにあるように、「FM is 改善（改善人間）」、常に改善を目指す仕事である。改善もあるべき姿を目指すことにより生まれる。今の状態に留まらず、あるべき理想の姿を追い求めていく、この当事者意識が総務のプロには大変重要となってくる。

会社を変える総務としては、変えるべき課題を見つけなければならない。

第2章 戦略総務に導く「10個の問い」

問題を提示されて解決手法を模索するのは、外部ブレーンとコラボして対応可能で、困難な問題はあろうが、比較的優しい。課題を見つけることがことのほか難しい。そのためにあるべき姿が必要なのだ。

このあるべき姿を描くには、自社を見つめているだけではできない。ベストプラクティスを探したり、ビジネスパートナーに教えてもらったりと、外に目を向けるべきである。その情報を元に、自社のあるべき姿を描いていく。経営の方向性も加味し、現場社員のあるべき姿もヒアリングし、また総務のリソースも考慮する。関係する全ての視点を考慮して考えることが大事である。

総務の仕事は終わりがない。あるべき姿も時代が変われば変化する。常に最新のあるべき姿を描き、総務のプロとして会社に貢献していかなければならない。**総務の仕事は幅が広く、奥が深い。担当が変われば、その担当において当事者意識を持って対応していき、その担当においてプロとなる。それを繰り返していけば、多くの分野のプロとなれるのだ。**結果、会社に貢献でき評価される。そのためにも総務においては当事者意識を持つことが重要となるのだ。

81

第**3**章

現場をよみがえらせる
戦略総務の仕事術

戦略総務実現のための重要課題

企業業績に貢献する戦略総務でやるべきテーマ

■ 総務業務のスリム化を実現し、全社施策の実行を

　戦略総務として会社を変える仕事をするには、繰り返すが、目の前の言われてやる仕事を減らしていかないと対応できない。総務の仕事のスリム化がぜひとも必要となるのだ。そのためには、先述したように業務の可視化をして、不必要な仕事をやめ、総務の提供する過剰なサービスをやめる。あるいは業務の方法を抜本的に見直すことなどが必要である。結果、総務のスリム化とともに、全社におけるコスト削減も可能となる。

　そこで第3章では、総務のスリム化を実現するための目の付け所、業務改善の考え方と手法、それとリンクしていくコスト削減の考え方と手法を紹介していく。また、業務改善の手法として、外部の専門家、プロフェッショナルを活用するアウトソーシング、BPOについて、そのメリットとデメリット、BPO先の見つけ方と付き合い方にも言及する。

　一方で、総務の仕事は、総務が決めて策定したルールを順守してもらったり、総務が購入した機器やサービスを活用してもらうことが多い。そして、そこには社員や経営者とのコミュニケーションが必ず発生する。

　コミュニケーションは受け手により成立する、という大原則とともに、かのドラッカーが提示している4つのコミュニケーション原則を紹介しながら、社員と経営者とのコミュニケーションの仕方を、コミュニケーションの3つの施策、社内メディア、オフィス、社内イベントについて解説していく。

　そして、今総務に求められる会社を変える仕事の最大のテーマである「働き方改革」について、その全体感と総務としてやるべきことの理解、全社を動かしていくアプローチの仕方を「2・6・2の原則」を通じて紹介していく。

　また、その働き方改革を効率性と創造性の向上として捉えた場合、総務

でできることとして、オフィスにおける効率性の向上と創造性の向上が考えられる。働く場の環境整備、「場」作りも戦略総務の中心的課題の1つであり、この総務の大きなテーマでもあるオフィス戦略について、考え方と具体的な施策を提示していきたい。

　そして、働き方改革の流れとして旬なテーマである健康経営について、企業の魅力を高める武器として、総務でできる施策について紹介していく。

「やめる・減らす・変える」
による改善

小手先ではない根本的な改善を目指す

━ 目的達成のための仕事

　業務改善を考える前に、そもそも改善をすべき業務、仕事とは何か？

　仕事とは、最少のインプットで、最大の価値を作り出すこと。できるだけ少ない労力と時間、最も効率の良い手段、プロセスで、結果として最も安価な費用で、多くの価値（＝目的の達成）を実現することにある。生産性という言葉も耳にすることがあるかと思うが、それはいかに効率良く価値を実現するか、その度合いのことで、「生産性＝提供価値／投入資源」という図式になる。

図6　生産性とは

$$生産性 = \frac{提供価値}{投入資源}$$

　つまり、業務改善というのは、この生産性を向上させることに他ならない。先の図式において、投入資源量を減らすと同時に、提供価値を高めることができれば最高だが、投入資源を減らすだけ、提供価値を高めるだけといった改善もあるかもしれない。

　初めてその業務を行う場合は、いろいろと工夫を凝らし、効率的に行おうと考え、そして実践しているのではないだろうか？　しかし時が経ち、環境も変化しているのに、相変わらず従来通りの方法で業務を遂行する「マンネリ」に陥ることは多いと思う。なぜなら、人間は変化を嫌う。昔のまま、従来通りの方法で行った方が楽だし、何より安全なのだ。仕事の仕方を変えたことにより、失敗してしまったら目も当てられない。変えるには勇気がいる。確かな勝算が必要なのだ。

しかし、怖がっていては、改善はできない。変革は起こせない。イノベーションはもたらせない。**戦略総務を目指すのであれば、常に業務の時間短縮、疲労軽減、経費低減、そして常に提供価値の向上を目指すことが必要となる。**

━ 顧客目線で改善を行う

生産性を高める業務改善と聞くと、何やら大きなことをしなければならないと思うかもしれない。しかし、ムダなことをやめるという、ちょっとしたことでも業務改善になる。ムダを省く改善という考え方もある。

総務の仕事でイメージしてみると、総務にとっては必要な仕事であっても、総務のユーザーである現場の社員には価値のない仕事である場合もある。

そもそも、環境が変化している状況において、総務にとっても不必要な、誰も必要としていない仕事が存在するケースもある。この価値のない仕事をムダとして、それを省くという業務改善である。顧客目線で見て、不必要なもの、ムダを省くというものだ。残念ながら、往々にして総務にとっての必要性で仕事がなされていることが多い。この場合大事なことは、顧客を明確にイメージするということ。その目線に立ってのムダだから、その軸が必要となる。

では、そもそも総務の顧客には誰がいるのだろうか？

①直接的には、アウトプットの後工程。次の工程の人が仕事をしやすいようにすることが提供価値
②対象は社員。本業に専念できる職場環境整備、働き方改革のサポートが総務の提供価値
③最後は企業。売上拡大などの業績貢献が総務自身の提供価値

①の後工程が顧客というのは、何も総務だけの話ではない。ほとんどの仕事は流れの中で行われている。いくつもの仕事が積み重なったプロセスでもある。総務の若手メンバーであれば、そのプロセスの中のほんの一部

分の仕事を担当しているケースが多いだろう。その目の前の仕事のアウトプットを受けて仕事をする後工程の人が、直接的には自分の仕事の顧客となる。その後工程の人が、スムーズに仕事ができるように、ムダなものを排除していくのは、至って簡単な業務改善である。その人とのコミュニケーションによってムダは見つかるだろう。

　総務の大きな役割の1つに、現場社員が本業に専念できる職場環境整備というものがある。今風に言えば、働き方改革の実現のサポートとなるだろう。働き方改革の本質も生産性の向上にある。現場社員の生産性の向上をサポートするため、総務としては2つの切り口で業務改善が考えられる。1つは効率性であり、1つは創造性という切り口である。

　その効率性の向上施策の1つが、このムダを省く改善活動となる。本業に専念できるように環境を整備してあげるわけだから、現場社員の目線でムダがあるようならば、それを取り除いてあげるのだ。煩雑な注文の仕方や申請方法。必要のない書式の記載項目や押印欄。得てして総務目線での管理方法がまかり通り、現場では不平不満がたまっているかもしれない。現場が絡む業務フローを一度見直し、不必要な仕事を取り除いてみることを考えるのだ。

　効率性の向上は、ムダな仕事を省くだけではない。積極的な改善活動としては、以下の2つがある。

Ⓐ**必要とするワークモードに適した、すぐに使えるワークプレイスを提供すること**
Ⓑ**現場社員の本業に関係ない仕事を巻き取ってあげること**

　Ⓐの意味するところは、集中したいときには集中ブースがすぐに使えるとか、ちょっとしたミーティングがしたいときにはちょいミーティングスペースがすぐに使える。あるいはしっかりとした会議室が必要なときは、簡単に会議室が予約、利用できる。そのようなオフィス、ワークプレイスを構築し提供することだ。

　Ⓑの意味するところは、徐々に始まっているオフィス・コンシェルジュ

機能。打ち上げ会場の予約や出張の際のチケットの手配、場合によっては
スーツのクリーニングの受け渡し。このような本業とは関係ない、でもや
らないといけない仕事について、オフィス・コンシェルジュで巻き取って
しまうのだ。

　いずれにせよ、現場社員が本来やるべき本業に専念できる環境作りが総
務には求められる。

　先に述べた③の売上拡大などの業績貢献。これに関するムダの排除はコ
スト削減となる（98ページを参照）。

　大事な総務の考えは、「何をしているかではなく、顧客に何をもたらして
いるかを考える」こと。つまり、総務が必要だと思い、行う仕事の中で、
顧客に価値を提供していない仕事はやめて、顧客への価値が高い仕事を増
やすことである。

　そうなると必要になってくるのが、顧客との価値観のすり合わせ、顧客
の要望の把握である。すでに何度も記しているように、経営者や現場社員
とのコミュニケーションが必要になってくる。経営者が総務に何を求めて
いるのか、期待しているのか、あるいは現場社員が今何に困っていて、何
を課題としているのか、何を必要としているのかを、現場を歩き、コミュ
ニケーションすることで把握するのだ。対話を通じて、総務が必要として
いるもの、必要と考えているものとの価値観のすり合わせをしていくの
だ。

　総務が机の上だけで仕事をしていると、総務での必要性と、総務だけに
通じる常識によって、経営者や現場社員に受け入れられない施策を導入す
る結果となってしまう。**総務の判断基準の、経営者と現場社員との価値観
のすり合わせをしたいものだ。**

■ 見えない、測れない、改善しない

　間接部門の悪いところを表現した、ある専門家の言葉だ。これはまさし
く総務の仕事の仕方を表現している。

　総務の仕事は「タコツボ化」と表現されることも多く、誰がどんな仕事
を、どのように進めているかがわからず、「Aさんが休むと他のメンバーが

対応できない」といったことが普通に行われている。

　自身の仕事が自らの存在意義になっているケースもある。仕事を抱え込み、「私にしかできません」と言って、仕事の仕方も見せず、手放さない。特に年次の古い方に多く見られ、その仕事を手放すと、違う部門に異動させられてしまう懸念から抱え込むようだ（ある調査によると、仕事の90％は誰にでもできる仕事だという）。

　多くの取材を通じて感じるのは、他の部門から異動された方が、総務の改革を成し遂げているということ。つまり、改善、改革は第三者の目が入ることが必要なのかもしれない。どうしても、既存の担当者は、変化を恐れ、従来の方法に固執してしまう。ゼロベースで見直すことに恐れを感じてしまうからだ。

　見えなければ計測することができない。さらに、第三者の目を通じての改善活動もできない。総務の改善は、とにもかくにも、見える化から始まる。見える化しなければならない。

　見える化には、次の図の5つがあると言われる。

図7　5つの見える化

1	目的の見える化
2	プロセス、仕事の方法の見える化
3	課題の見える化
4	成果の見える化
5	ナレッジの見える化

　この中で特に重要なのは、1つ目の「目的の見える化」。

　普段から目的を意識して仕事に取り組んでいるだろうか？　目の前の仕事だけに意識がいっていないだろうか？　目的がない、あるいは目的が不明瞭の場合、それ自体を行うことがムダというケースもある。何も疑わずに、ただ昔からやっているから続けている。先輩に言われたから、その通りに進めていることがあるならば、一度全ての業務について、

「そもそも、この仕事の目的とは？」

「そもそも、この仕事の価値とは？」

　と、その目的を再定義してはどうだろうか？　ゼロベースで考えてみるのだ。

　もしこの仕事をやめたらどうなるのか？　車両管理の仕事があるけれど、社有車をなくしたらどのようになるのだろうか？　文房具を一括購入しているけれど、部門で発注させたらどうなるのだろうか？　そんなことを全業務について、新年度を迎える前に考えてみる。業務の目的を毎年再定義してみるのがいいだろう。環境も変わり、企業の目指すべき方向も日々変化している現在、日々柔軟に変化する総務でありたいものだ。

　さらに、仕事全体の目的の再定義もさることながら、仕事を作業単位にし、その作業ごとの目的を明確にしていくことが重要である。先に説明した後工程の人に、どのようなアウトプットであると仕事がスムーズに進むか、その視点でアウトプットを明確に定義するのだ。その姿に合わせて前工程の人は仕事をしていく。そのアウトプットが明確であれば、前工程の仕事が正常に行われたかどうか容易に判別することができる。

「最も非効率な仕事は、不要な仕事を効率化することだ」。ドラッカーの言葉である。そもそもやらなくてもいい仕事を一生懸命効率化、改善したところで、それは意味のないことなのだ。**今一度、仕事の目的を見直したいものだ。**

　部として、課として、そしてチームとして改善活動を進めることもあるだろう。その際も、見える化されていないと、課題も現状も共有することができない。同時に定量化できないと管理することができない。この見える化とともに、測る、定量化が必要となる。

　見える化のツールとして、業務フローチャートや業務マニュアルの作成がある。一部の仕事しか携わっていない状況から、業務の全体像含め、先の見える化の5つの項目が見えてくると、主体的に改善に取り組む土壌ができてくるはずだ。仕事の全体像が見えてくると、自分のパートの役割、全体最適で見た場合の自分に期待されていることが見えてきて、自ら改善をしようとする意欲が湧いてくるものである。総務部門を預かる長として

は、全ての業務について先の5つの見える化を進めていく必要がある。

■ 総務的KPIの設定

　見えてくれば測ることができる。逆に、測ることができればいろいろと見えてくるものもある。

　総務の仕事は定性的な仕事が多く、定量化しづらいと言われる。しかし、改善したとしても、計測できないと、その改善が成功したのか、さらに改善を施す必要があるのか判然としない。つまりPDCAが回せない。

　自動車の運転席、あるいは飛行機のコックピットを思い浮かべてほしい。そこには多くの計器がハンドルの、操縦桿の前に並んでいる。これらの計器の数値を意識しながら、運転、操縦をしていく。この計器がなければ、途中でエンストを起こし、衝突事故を起こしてしまう。総務も同じ会社経営の一部門として操縦していくわけだから、数値が見えないことには、適正な運転をすることができない。

　総務で入手されるデータは、請求書による支払額、すなわち使用量がまずあげられる。これも、総務で直接管理されるもののみならず、部門負担のものも含め、異常値がないかの確認が随時必要である。それ以外には、申請書ベースの利用率、発注数、問い合わせ件数など、現場社員からの利用状況を把握することができるだろう。

　状況把握で言えば、定期的な利用者アンケート、社員アンケートによって状況を時系列的に把握することも可能だ。アンケートの目的をしっかりと明示して、それによる改善活動、アクションに結び付けることを前提に回答してもらい、分析、改善に結び付けるのだ。

　以上、それぞれいろいろな手法で数値把握と分析、改善に結び付けていることだろう。

　総務の仕事で計測したいのは、その仕事にかかった費用。この費用の多寡を見て、コントロールしていくのだ。生産性の観点からは、その仕事にかかったリソース。人であり時間。最後にその仕事の価値が十分に実現されたか、質の部分について計測する。費用と時間については、イメージがつくだろう。

第3章　現場をよみがえらせる戦略総務の仕事術

　質の計測については、総務の提供価値を具体的な行動に落とし込み、その行動に関するデータをカウントするという方法がある。リフレッシュルームで社員にリフレッシュしてもらい、生産性を上げてもらう。そのためにリフレッシュルームを作ったとする。提供価値は、社員にリフレッシュしてもらうこと。そして、利用者に5段階評価でアンケートを取って分析することが考えられる。あるいはその中間項目として、日々の利用者をカウントすることが考えられる。利用者が増加しているのであれば、提供価値としては満足するレベルにあるのではと考えるわけだ。アンケートまですると手間暇がかかるが、利用者数であればまだ簡単に計測できるだろう。

　そのようにして計測したデータから変化や傾向を読み取り、また異常値を感知して、総務の価値を高めていくのである。

93

■■ 5W2Hで見直す改善

次からは、業務改善の視点についていくつか紹介していく。

まずは、5W2Hの視点で見直す業務改善について。

図8　5W2Hで見直す業務改善

1	**Why（目的、価値の見直し）** ・その仕事は、何のために行うのか ・その仕事をやめた場合、どのような影響が考えられるか
2	**What（対象）** ・その仕事の対象、範囲は何か ・その仕事の対象、範囲は適切か
3	**Where（場所）** ・その仕事を行う場所は適切か ・その仕事を行う環境は適切か
4	**When（時期）** ・なぜその時にその仕事をするのか ・その仕事をするタイミングは適切か
5	**Who（仕事の主体）** ・なぜその仕事をその人が行うのか ・他の人、チームで分担して仕事ができないか
6	**How／How much（方法、金額）** ・なぜその方法でその仕事を行っているのか ・その仕事の方法は適切か ・その仕事にかかるコストは適切か ・仕事にかかるコスト、時間を減らせないか

「やめる・減らす・変える」

業務改善の進め方には鉄則がある。
それは、以下の流れで考えるということ。

図9　業務改善　進め方の鉄則

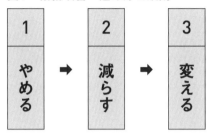

まずは、「やめる」。今の仕事を一度思い切ってやめてみる。やめた後で、やはり必要であると現場からの声があがってくれば、また復活すればいい。案外やめても誰も気が付かない、というケースもあるだろう。

既得権化しているものをやめると、現場からは不平不満が必ず出てくるが、いずれ慣れてしまうものだ。やめる場合は、経営者も巻き込んで、大義名分を用意するといいだろう。

次は、「減らす」。どうしてもやめられないものはある。そこで、継続はするものの、提供しているサービスは物品の量や質を落としていく、という手段をとる。回数、頻度、時間、種類、重さ、量、長さを検討し、全面的にやめるのではなく、部分的にやめてみるという方法だ。案外、ムダに多く在庫を抱えていたり、必要のないサービスまで準備しているものだ。これもじわじわと質や量を落としていくといいだろう。

現場からの依頼事項にはすぐに対応することが多いと思うが、実はすぐに対応しなくてもいい、というケースがある。総務担当者としては、すぐに対応した方が気分的にも楽かもしれないが、その度に本来やるべき仕事が中断されてしまう。「はい、対応します」、と答える前に、
「いつまでに対応すればいいですか？」

「そもそも、何が問題なのですか？」

「いつも起きる問題ですか？」

　などとその依頼事項の本質を確認して、本当に必要な時期までに対応するなど、スピード重視より、本質重視という対応にすべきである。これも減らす、対応スピードを遅くする、という減らす改善となる。むしろ、どこの部署でも起こり得る問題ということが把握できれば、仕事量は増えるが本質的な改善に結び付くことになる。

　最後が「変える」。仕事の仕方を変える、例えばITに置き換える、BPOしてしまうなど。BPOについては、別項目で説明する（105ページ参照）。

■ 仕組みと運用の改善

　仕組みの改善は、現状の仕事の流れを見直すこと。すでにあるプロセスや決まりごとを、目的に合わせて見直す改善である。先に記した、目的を再確認して、その目的が達成できる最も効率の良い方法に変えていく。そして、現在の状態から目指すべき姿に変えていくのだ。

　もう1つの運用状態の改善は、すでに目指すべき姿としてその業務の見直しはされているものの、その状態が実現されていないことを、いわば是正する改善である。つまり目指すべき姿を標準として、その姿に近づけていく改善である。なので順番としては、まず仕組みを見直し、その目指すべき姿に運用を合わせていく、という流れになる。さらに、その仕組みが整ったら、その標準形を維持するためにマニュアルや業務手順書を作成する。

　マニュアルは作成することが目的ではない。その仕事を行う担当者が、業務マニュアルの内容を理解し、書かれている通りに実践できることが目的である。業務の効率化、品質の向上、結果として属人化の排除ができて、初めてそのマニュアルの目的が達成されるのだ。

　そうなると、その仕事をする際に、そのマニュアルがすぐに探し出せて、素人でも内容が理解できるものでなければならない。マニュアルを作成する際に注意したいのが、そのマニュアルを作成する人は誰なのかという点と、それを使う人は誰なのかを意識することである。つまり、マニュアル

を作成する人は、その業務や仕事に精通している人、つまりプロであり、それを使うのは、その業務や仕事の素人であるということだ。プロは得てして、自分目線で、これは記載しなくてもわかるだろうと、細部を記載しない場合がある。

　一方、素人は細部も含めて全て記載されていないと、そのマニュアルで仕事をすることができない。なので、マニュアルを作成したら、一度素人にそのマニュアルを使って実際に仕事をしてもらう、そのような確認が必要だ。マニュアルは、素人目線で必要な記載事項を追加して、作成していくことをおすすめする。

　また、仕事を取り巻く環境が変わったり、法律が改正となれば、当然マニュアルも改訂しなければならない。マニュアルを更新して、その更新内容を担当者が理解し、その通りに仕事が行える。つまり、大元の作成者でなくとも、今の担当者が簡単に更新できる状態になっていることも大切だ。

横串で全社把握する
「コスト削減」

購入時の交渉と使用管理の徹底を図る

━━ 総務管轄コストの全把握

　総務が管理するコスト、全容を把握しているだろうか？

　総務が管理すべきコストには、総務が直接消費し、管理すべきものと、総務が道筋をつけ、各部署において消費するコストがある。前者のコストはその消費状況を日々目にするので、コスト削減の意識が働きやすいが、後者は部署での消費であり、かつ部署ごとにPL（損益計算書）を管理していれば、総務は管轄外と考えてしまいがちである。

　しかし、大元の契約は総務で行ったり、そもそもどこから購入するかのサプライヤーの選定を総務が行っているケースが大半だろう。だとしたら、総務による工夫が、そのコスト削減に多大な影響を及ぼすことになる。

　多拠点展開している企業において、本社の賃借料は把握していても、全社の賃借料をきっちり把握している総務担当者は少ないと言われている。先述したように、営業所においてはそこに入居する部署がその費用を社内PL上負担しているためだ。しかし、その拠点を開設する際に総務がビル選定、契約締結をしているはずだから、そこの交渉によっては、入居部署のみならず、全社におけるコスト削減に大きく影響することになる。

　このように、**総務で管理すべきコストを、直接管理コストから、総務が少しでもかかわったコストへと視点を広げ、全社横串で把握することが必要となる。**

　以下、その2つの視点で把握するコストを、「総務管轄コスト」と表記し、そのコスト削減を考えていこう。

━━ 人件費に次ぐ大きな予算

　そのようにして総務管轄コストを集計してみると、1つ気づくことがある。総務管轄コストのトータル金額が、おそらく最大の社内コストである

人件費に次ぐ額となっているということである。つまり、それだけ大きな責任と、逆に言えばインパクトを社内に与えることができる予算を握っているわけだ。コスト削減を進めるには、まずは総務管轄コストの全容をしっかりと把握することから始める。

　そして大事なことは、コスト削減だけを目的としてはならないということ。コスト削減は結果であり、それが最終目的ではない。あくまでも事業継続、自社の発展のために、全社で努力して獲得した利益を、有効に使うということなのだ。上手に大切な利益を使うことが、コストコントロールでは大事なことである。

　となると、コストを削減することだけに目を向けるのではなく、上手にコストが使われているかを考えることが必要となる。そのコストを使う目的から明確に見定めて、最も効率良く、最も狙った効果が発揮できているかを確認することになる。

　日々、技術の進化や新たなサービスが生まれている。もうコスト削減はやり切ったという、コスト削減ありきの発想ではなく、有効にお金が使われているかといった視点で、コスト削減ではなく、利益の有効活用という検証の仕方が本来のコストコントロールであるはずなのだ。

　そのような視点で考えると、環境が日々変化している現状において、コスト削減が完成するということはあり得ないことになる。なので、大きな流れとしては、**コスト削減だけを切り出して考えるのではなく、業務の見直し、その結果のコスト削減ということになるかと思う。**

　とは言いつつも、コスト削減が喫緊の課題、という企業もあるだろう。そこでここでは、コスト削減を切り出し、その考え方、手法について説明していく。

■ コスト削減の推進のために

　コスト削減を進めるには、先述したように、直接、間接問わず、総務管轄の大きなくくりでのコスト全容の把握が必要となる。そもそもコストが把握されていない費目は、当然ながらコスト削減されていない費目となるはずである。**特に部署負担となっているものも含めて、全容を把握するこ**

とから始めなければならない。

通信費、消耗品費、福利厚生費、リース費用など、総務が管理している経費にどのような費目があるのかを明確にし、その上で各費目を構成している内訳を詳細に把握する。金額の少ない費目をいくら削減しても、全社に対するインパクトは小さく、金額の大きな費用にまずは狙いを定めるといいだろう。

例えば、水光熱費のうちの電気代。東日本大震災が発生した年の夏の節電では、多くの企業がエレベーターを止めた。しかし、すでにご承知のように、オフィスの電気使用量においてエレベーターの占める割合は5％もなかったのだ。良かれと思って削減しても、インパクトは小さいし、逆に業務の非効率化を招いてしまったのだ。オフィスの電気使用量のほぼ半分を占める空調、4分の1を占める照明にターゲットを定めて施策を行えば、大きな効果を得ることができる。やみくもにコスト削減を行うのではなく、データを見える化し、優先順位をつけ、狙いを定める必要がある。

目先の即効性のあるコスト削減もあれば、多少イニシャルコストはかかるが、長期的に効果が出てくるコスト削減もある。例えば、事務所移転。移転費用というイニシャルコストはかかるが、今までよりオフィス面積を減らすとか、賃料の安いビルに移転することにより、移転後の賃料負担が確実に削減できる。あるいは、節電効果の高い空調、照明器具に入れ替えるという手もある。数年で回収でき、その後はコスト削減効果が積み上がっていくことになる。

コストが把握されたとしても、昔からここで購入しているから、あるいは営業の絡みでここから購入せざるを得ないという状況もあるだろう。確かに政治的な判断により、購入先を変更できないケースもあるかと思う。ただ全てがそのような状況ではないはずなので、総務としては聖域なしで、全ての購入先について、ゼロベースで検証していきたいものだ。

逆に、サプライヤーの方でも、漫然と購入してもらえるのであれば、緊張感もなく、また付加価値の提案もすることはないだろう。取って代わられる緊張感がないところには、なあなあの取引が続き、決して有効なお金の使い方とはならないはずである。サプライヤーに緊張感を持ってもらう

意味でも、毎年見直すなどの姿勢は必要となる。

　総務の仕事はなかなか定量評価をすることができない。従業員満足度で定性的業務を定量評価するなどしていると思うが、アンケートに答えてもらうなど、ワンクッション入ってしまう。

　ところが、コスト削減の結果は、そのまま定量評価ができる仕事となる。また、なかなか総務の仕事が社内で評価されにくいところ、このコスト削減は、純利益が増加するため、金額が大きければ、社内に対するインパクトは大きなものとなる。利益率で割り返せば、どの程度の売上に該当するかが一目瞭然。そのため、コスト削減が実現できたあかつきには、大きく社内でアピールし、総務でも利益貢献が可能である、という認識を全社においてしてもらいたいものだ。

■ コスト削減　2つのアプローチ

　社内コストの発生の仕方を分解してみると、以下のプロセスがあることがわかる。

　まずは購入先、購入商材、購入個数の選定、それに関する契約がある。そこから、総務自身、使用部署への導入と説明、そして使用部署での使用開始。単純化すると、購入先との交渉と部署での使用、この2つになる。

　コストコントロールとしては、この2点、**サプライヤーとの購入交渉と、ユーザーでの使用状況の管理が必要となる。**先のゼロベースの見直しという観点では、サプライヤーの見直しと、購入物・サービスの見直しがある。使用状況の把握、これは随時必要となる。購入時点、契約時点で生ずるイニシャルコストではない、使用ごとに生ずるランニングコストを把握することだ。

■ サプライヤーとの交渉

　価格交渉の場合は、**その支払っている価格の構造も正確に理解しておくといいだろう。**イニシャルだけにかかるコストなのか、ランニングコストとして毎月かかるコストなのか。そして、そのランニングコストはどのような費用で構成されているのか。

例えば、コピーのカウンター料金。保守メンテナンス料金も含んでいるのか、トナー代も含んでいるのか。その保守メンテナンス料金も、24時間365日対応なのか、そうでないのか。保守メンテナンスの発生頻度を考慮するなどして、フルサポートまではいらないという判断もあるかもしれない。ランニングコストは、それぞれの発生頻度を考慮するなどして、価格を見直していく。

　また大元の基本契約料金を変更することにより、電気料金などは大幅なコスト削減が可能となる。請求書が送られてきたら、そのまま支払処理をするのではなく、請求書の中身を購入先に説明してもらい、しっかりと請求金額の構造を理解し、自社内でできること、サービスレベルを落としても構わないもの、そもそもの契約を変更できるものを見極め、コスト削減を実行していく。

　今までは提示されたままの価格でしか購入できなかったサービスが、規制緩和によりその価格が自由化されているケースもある。あるいは、一律価格で価格表があったとしても、法人契約、ボリュームディスカウントなどにより、個別に価格が設定されるケースもある。

　例えば、電気代。従来からある地域独占の電力会社だけではなく、他の業種からの参入、新電力からも電気が購入できるようになった。新規参入企業の方が往々にして価格が安いし、その新規参入組の提示価格をベースに、従来の取引先と価格交渉することもできる。

　ある企業では、あるサービスを大量に利用している企業を通じて価格交渉をしている。あるいは、最低価格ラインの情報を入手して、どのような条件であれば、その価格が可能なのか知ることにより、例えば発注先を集約する、グループ企業まで広げて適用してもらうなどの交渉が可能となる。さらに、同一価格と見られているものが、発注窓口を変えることで価格が下がるというケースもある。

■ ユーザーの使用管理

　費用項目からコスト削減を考えるケースで、人件費削減という観点から、業務単位、仕事単位でアプローチするケースがある。この場合は、そ

の業務の存在そのものをゼロベースで考えるといいだろう。その業務の目的は何か、提供価値は何かを明確にして、全く不必要と判断されれば、大きなコスト削減効果が、関連する費用、人件費削減として見込むことができる。

次に、その業務が必要と判断された場合、そのサービスレベルを下げられないかを検証する。本来は現場で対応すれば十分な業務を、本社の総務部が対応しているケース。必要以上に在庫を抱えているケース。必要以上に詳細な書類を要求しているケースなど、過剰サービス、過剰業務が存在しないかを見つけ、現場、関連部署の状況を考慮しながら、そのサービスレベルを落としていく。

ただし、注意すべきは、サービスレベルの低下による、現場の抵抗。経営層のお墨付きという大義名分を得て実行していくことが望ましいだろう。

部署での使用状況を把握し、そこから切り込むには、本当に必要なものを購入しているかを確認することから始める。**全ての仕事は目的があって行っているはずだから、その業務目的に資する物品・サービスを購入しているのか、そもそも本当に必要としているのかを確認する。**

必要性が認められれば、同等の品質のモノも含めて、安価なものとして購入しているかの確認が必要となる。漫然と昔から購入しているというケースも往々にしてあるので、他に安価な同等品がないか確認し、あればそちらにシフトすることを促していく。

必要なモノを安価に購入する、その流れが構築できた上で、次に確認すべきは、使用量の確認。異常値がないかを、毎月の支払額などから確認していく。異常値があれば、部署に問い合わせをするなどして確認していく。

その際、各事業部門にコスト負担をさせることを考えてみてはどうだろうか。総務部の費用、あるいは本社費用とされているコストについては、現場のコスト意識は低くなりがちである。さらに、その費用内訳が見えないと、適切なコスト削減施策が取りづらい。費用負担の振り分けが面倒にはなるが、各部署にコスト負担をさせることで、確実にコスト削減意識は

芽生え、予算が厳しい部署では、逆にコスト削減の方法を聞いてくることもある。

　コスト削減は、総務部単独で行うには限界がある。むしろ細かい積み上げのコスト削減は、現場の協力を得ずしてなし得ない。

　例えば、文房具やコピーなどの消耗品のコスト削減については、状況確認から保管場所や数量の変更など、現場の協力がないと、特に地方拠点などは対応することができない。ある企業では、現場を巻き込むために、経営層のお墨付きを与えた委員会やプロジェクトを組織し、その組織を通じて所属メンバーへの役割意識の植え付けと業務の重要性の認識を図っている。その組織メンバーが中心となり、所属部署のメンバーと協力しながら、現場を動かしていく。さらに、小さな成功事例をこまめに全社にPRしていくことで、現場の協力が得やすい風土も醸成しているのだ。

　現場を巻き込むには説得力が必要となる。そのためには、まずは総務部内で実践してみて、表れた結果をもとに、隣の部署を巻き込み、フロア内を巻き込み、そして本社、全社と横展開をしていく。じわじわと結果を出すことで、総務が音頭を取って行うプロジェクトは必ず効果があるという信頼感が醸成され、その結果さまざまな活動が横展開できるようになるだろう。

BPO・アウトソーシング

メリットとデメリットをしっかり把握し導入する

■ アウトソーシングは増加傾向

業務改善の流れ、「やめる、減らす、変える」。その中の「変える」の手法の1つにアウトソーシングがある。BPOと表現するケースもある。どちらも外部に業務の一部、あるいは全てを委託することを意味する。

日本では1980年代の後半からアウトソーシングという言葉が使われ始め、1990年代にはブームのようにアウトソーシングが推進されるようになった。そして、これまで外注化してきた業務に加え、情報システム関連、福利厚生などの総務、給与計算などの人事、財務・経理、購買など、アウトソーシングの対象範囲を拡大させる企業が増えていった。

さらに、複数のグループ会社を持つ大企業では、グループ会社で行う本社機能の業務を一括して行うシェアードサービス会社を作ったり、海外へアウトソーシングしたりするケースも増えてきた。

しかし、総務業務は実際のところ、1つひとつの仕事が小さいために、特化している受託事業者はそれほど多くはない。委託側を見ても、文書管理や備品管理などをアウトソーシングできているのは、それに見合うだけの仕事量がある大手企業が中心である。

■ アウトソーシング導入の目的

アウトソーシング導入の日的は、大きく2つある。

1つは、ノンコア業務のコスト削減。アウトソーシングの受託事業者は、コストを下げるプロとして、「自社でやられているよりも、安く、早くできます」と、コストダウンの成果を売り込んでくる。

もう1つは、専門家に任せることで品質と生産性の向上を目指すもの。例えば、法務、税務、IR、ITなど。受託事業者も「私たちに頼んでくれれば、素人であるみなさんよりも上手に対処できます」と、専門性を売り込

んでくる。

つまり、「**より安くするアウトソーシング**」と「**より良くやるアウトソーシング**」、この2つの目的があるのだ。

━━ アウトソーシングのメリットとデメリット

アウトソーシングのメリットは、企業として、あるいは事業として重視するコア業務への経営資源の集中化があげられる。ノンコア業務をアウトソーシングすることで、「強み」をより強くすることが可能となる。

次に、社内の人件費とアウトソーシングする費用との差額分のコスト削減ができ、アウトソーシングへの支払いを、処理した業務量に応じた支払いにすれば、コストの変動費化が可能となる。逆に、コスト増になったとしても、自社にない専門的な知識やスキルを活用することで、新たな取り組みが可能となる。

一方、デメリットは、アウトソーシングした業務がコントロールできなくなる場合がある。業務を丸投げしてしまい、その業務に精通したメンバーが異動などでいなくなると、アウトソーシングした業務の中身がわからなくなり、ブラックボックス化してしまう。そのため、アウトソーシングしたとしても、しっかりと管理できる体制は必要となる。また、緊急対応がしにくくなることも考えられる。内部で対応していれば、なんとでもなることが、アウトソーシングすることにより、対応時間外となると、全く機能しなくなることもある。さらに、情報漏えいなどのリスクが高まることも考えられる。

つまり、アウトソーシングをする上でしっかりと把握しておかなければならないのは、**アウトソーシングにより、業務プロセスの分断と外部に任せることのリスクがあるという点**なのだ。

また、アウトソーシングすることによって生まれる社員の余裕の時間をどう活用するか決めておかないと、社員の余剰を生むだけとなる。戦略総務のための企画立案やその実施など、あらかじめ決めておきたいところである。

第3章　現場をよみがえらせる戦略総務の仕事術

■ 企業の中での総務のあり方

アウトソーシングを考える場合、まず必要なのが、自社にとって総務の優先課題を考えることである。総務でありがちなのは、総務だけの視点で、総務が効率良く業務を回せるためのアウトソーシングを考えてしまうこと。総務ありきではなく、企業ありきで考えることが必要だ。**自社にとって総務のやるべきことは何なのか。その業務を行うためには、総務は何を強化すべきなのか。**その強化のための効率化、外部リソースの活用、そのためのアウトソーシングという流れである。決して、総務だけの視点で考えてはならない。

■ アウトソーシングの対象業務の絞り込み

先に記したアウトソーシングのデメリットを考慮して、次の視点でアウトソーシングの対象業務を絞り込んでいく。

アウトソーシング導入に当たり、**導入効果が得られやすい業務としては、業務が定型化されている、もしくは業務判断が明確に定義されている、ということになる。**その2つの要素に、業務ボリュームがどの程度か、という要素を加えて、全ての要素が高ければシステム化の検討、一部あいまいな部分や発生頻度が低い物が残るのであれば、アウトソーシングの検討、全てにおいてその要素が低ければ、運用プロセスの見直しということになる。

注意するポイントとしては次のようなものがある。アウトソーシングは外部の知恵をリソースを使って行うことになるので、対象業務の知識やスキルはアウトソーサーの方が上になる。業務品質など求めるレベルは委託側がしっかりと押さえる必要があるが、詳細な部分ややり方はコントロールしにくくなる。コアでない業務であるので、ある程度、コントロールできなくても仕方ないと割り切れることが求められる。

変更が頻繁に発生するような業務、変更の頻度は多くないが、即時対応しなければならない業務、緊急性が求められるような業務はアウトソーシングの対象には向かないだろう。

107

社内調整を伴う業務は、組織上の権限や社内の人間関係を把握していないとうまく進めることが難しく、また過去の経緯を押さえて対応しないとトラブルになったりするような業務もアウトソーシングには向かないだろう。

　ただ、アウトソーサーとの関係性の中で、以上のようなデメリットは最小限に抑えることもできるだろうし、むしろ契約締結時の要注意事項として押さえておきたい。

━━ アウトソーサーとの関係性

　どのような業務をどのようなアウトソーサーに委託するのかもさることながら、そのアウトソーサーとどのような関係になるかも大事なポイントである。目的がコスト削減のみであれば、あるいは単純作業のアウトソーシングであるならビジネスライクな関係でいいが、アウトソーサーに対して委託業務の改善や改革を望むのであるなら、パートナーとしての関係構築が必要になる。必要な情報は提供しつつ、業務目的を共有しながら、ともに作り上げていく姿勢が必要だ。対等の関係で向き合うべきだろう。ただ、どちらにせよ委託先企業の厳正な評価、積極的な評価による適度な緊張感は必要となる。

　コスト削減を目的に導入したアウトソーシングであっても、コストが下がるのは、導入時の1回きりということがほとんどである。委託側として、さらにコストを削減したくても、アウトソーシングした仕事の主導権がアウトソーサーに移っているので踏み込んだ要求が出しにくくなる。

　継続的にコストを下げていきたい場合には、最初に「お互いに協力をしながら、継続的に改善してコストを下げていきましょう」という話をし、成果指標のモニタリングと改善のサイクルを回せる体制を作っておくといいだろう。業務にかかった時間や人件費などの生産性指標を取って、委託側も一緒に下げていく努力をすると明らかにすること。そしてコストが下がったら利益はシェアする形にしておく。こちらの社員を出向させて現場を監督し、仕事のノウハウを失わないようにするというやり方もある。

　一方、専門業務のアウトソーサーでは、KPI的な管理や評価が難しい。

それなので人間的な信頼関係を築きつつ、ホスピタリティーも含めての満足度の高いサービスが受けられているかどうかを考えながら、お付き合いをしていくことが大切である。

また、プロの仕事は相場があってないようなものなので、相反することではあるが、あえて一社発注にしないというのも1つのやり方。バリバリと質の高い仕事をしてくれるパートナーと良い関係を作り、全てを任せられるのが一番だが、コストコントロールのために、競争相手となる別の委託先も、小規模でいいので持っておくのだ。

また、アウトソーシングした業務に精通したアウトソーサーを管理できる人材の育成も必要となる。企業を取り巻く環境変化の激しい現在、一度アウトソーシングしたからその内容がそのまま、ということはあり得ない。変化に応じた要求、改善は自社の人間により的確に指示しなければならない。**アウトソーサーを進化させることも、自社にとって大切なこととなる。**

■ アウトソーシングの導入プロセス

総務の実務に関するノウハウを持っているのは、管理職ではなく実務担当者だ。そういう人たちにも話を聞いて業務設計をすることが大事である。どういうことでトラブルが起きるのか。どんな場合に例外処理が必要となるのか。そういったことが委託仕様からもれてしまいやすく、結果的にコストアップやミスにもつながってしまう。例外対応まで含めた、細かな業務設計をすることが重要だ。**アウトソーシングへ移行するまでに、できるだけ業務の標準化をはかり、例外が少ない形にしておきたい。**

アウトソースする業務がITの仕組みとともに行う場合は、社内の既存のITシステムをそのまま使ってもらうようにする。または、アウトソーサー側に良いシステムがあり、変えるメリットがあれば、そちらを使う。

ただアウトソーシングと同時に、新しいITシステムに移行するのは非常に危険だ。人もシステムも変えてしまうことで思いもよらないトラブルが発生するリスクが高くなるからである。ITシステムの移行とアウトソーシングの同時進行は、できるだけ避けるようにしたい。

109

状況が許せば、本番稼働前に、アウトソーシングの試行期間を設けると
いいだろう。せっかく選んだアウトソーサーが、期待外れということもあ
り得る。お互いに満足いく形で、当初の目的が果たせるかどうか、数ヵ月
から半年程度、試しに動かせるようにするのだ。

　アウトソーシングの導入には余裕をもって取り組めるのが理想だ。定年
退職する人が大勢出るので仕事が回らなくなるというのであれば、そうな
ることを見越して数年前からアウトソーシングの導入に取り組む。「時間が
ないからもう頼むしかない。言い値でも従うしかない」とならないために
も、余裕をもって考えておきたい。

■ 常駐型アウトソーサーの管理のポイント

　大手企業などでは、従業員向けのサービスセンターをまとめて、総務カ
ウンター、オフィス・カウンターと称して、アウトソースするようなこと
もある。丸投げできるのはいいが、ここでの注意点は、受託事業者が、業
務ごとに、出張管理は旅行会社に、社内の印刷物は印刷会社に、というよ
うに再委託するケースだ。どういうサプライヤーに発注しているのか、そ
の品質はどうかをきちんと見えるようにしておくことが重要となる。

　そのためには、再委託先の明細を把握できるようにしておくといいだろ
う。その発注金額を開示してもらうのは難しくても、種目別の業務ボ
リューム、できればコストパフォーマンスは知りたいところ。質やコスト
が適正でなければ、その業務だけ他の受託事業者に切り替える可能性があ
ると、最初に決めておくのも1つの対策だ。もちろん、全面的に信頼して
任せるのが前提だが、コストコントロールは必要となる。**定期的にビジネ
スレビューの機会を持ち、シビアにやる。それがお互いに、非常に重要な
ことなのだ。**

社内コミュニケーション
活性化戦略①

コミュニケーションの本質を理解して行動する

■ 組織におけるコミュニケーションの重要性

　総務の大きなテーマの1つに、社内コミュニケーションの活性化がある。組織内でわいわい、がやがやと会話がはずむことにより、コラボレーションが促進され、イノベーションに結び付くからだ。誰しも1日中無言で過ごすより、楽しく会話しながら仕事をしたいものだろう。

　自らが働く場面をイメージすれば、コミュニケーションが活性化した方が良いに決まっていると、そのように考えるのは当然である。それをロジカルに考えるとどうなるのか。実は、私たちが所属する組織では、このコミュニケーションが根源的になくてはならないものなのだ。

　アメリカ合衆国の電話会社社長で経営学者でもあったチェスター・バーナードが組織について定義している。いわく、「組織とは、意識的に調整された2人または、それ以上の人々の活動や諸力のシステム」ということだ。そして、この組織が成立するためには、次の3つの要件があるとしている。

・**共通目的**（組織目的）
・**協働意志**（貢献意欲）
・**コミュニケーション**

　つまり、メンバーが同じ目標に向かって、コミュニケーションを取りながら協力していることが組織というわけである。さらに、組織が目標とする共通目的は、トップと現場とのコミュニケーションを通じて伝達され、貢献意欲も、同じ組織で働くメンバーのことをより深く理解することで、その意欲も高まる。組織の成立要件のうち、組織目的と貢献意欲はコミュニケーションがベースとなり成立するのだ。

　何気なく使っているコミュニケーションという言葉は、組織が組織であ

111

るために、その組織目的を達成するためには、なくてはならない大事な要素なのだ。

━ 社内コミュニケーション活性化とは？

　社内コミュニケーションの活性化。組織運営をする者にとって、優先順位の高い組織課題であると思う。しかしそれを実現しようと言われても、漠然とし過ぎており、具体的に何から手を付けていけばいいのか判然としない。社内コミュニケーション活性化を実現するためには、その姿を具体的にイメージすることが大事なのだ。

　例えば、それは、様々な所でコミュニケーションがなされ、社員が楽しく、わいわいがやがやと、活気に溢れた状態ではないだろうか。つまりは、多くのコミュニケーションが成立している状態である。しかし、コミュニケーションにも、仕事についての「オン」と、仕事に関係のない「オフ」があるとしたら、「オフ」のコミュニケーションだけでは、本当の意味での社内コミュニケーション活性化とは言えないだろう。

　他部門間のコラボレーションにつながる、イノベーションに結び付く、そのような「オン」のコミュニケーションがいたるところでなされている状態が、真の意味での社内コミュニケーション活性化であるはずだ。

　しかし、いきなり「オン」のコミュニケーションを成立させるのはハードルが高く、アイスブレイク的な「オフ」も必要になる。「オフ」が取っ掛かりとなり、その後に「オン」のコミュニケーションに発展していくのだ。

　社内報など社内メディアにおける個人のプライベート情報は、その「オフ」のコミュニケーションを成立させるためのきっかけとなる。社内メディアは、会社のことを知る、理解することもさることながら、コミュニケーションのきっかけを提供するという重要な目的も存在するのだ。

　コミュニケーションには、大きく分けて3つの関係性がある。経営者と現場社員とのコミュニケーション。他部門間の社員によるコミュニケーション。同一部門内の社員によるコミュニケーション。この3つのうち、同一部門内のコミュニケーションは業務を通じて「オン」のコミュニケーションが必然的になされることが普通である。そのため、この関係性にお

いては、「オフ」のネタを提供する場を仕掛けることが効果的であり、その結果、さらに仕事がしやすい関係性につながる。飲み会であるとか、オフサイトミーティングであるとか、ざっくばらんなコミュニケーションができる場を仕掛け、さらにお互いが知り合うことで、つまりは個々の社員のバックグラウンドを知ることで、考え方がわかり、安心して仕事ができる環境が整う。

他部門とのコミュニケーションは、業務を通じてなされるもの以外は、よっぽど意識しないと通常はなされない。同期社員の間では、廊下ですれ違えば話をするかもしれないが、メンバーが他部門の部長と話すような、いわゆるナナメの関係においては、総務がそのような場を設定しない限り、コミュニケーションをとることはまれだろう。

しかし、そのような関係にこそ、イノベーションの可能性が潜んでいるのだ。自分だけ、自部門だけのリソースでは限界がある現在、多くの部署と関係を持ち、通常では想定できない組み合わせで様々なチャレンジが必要なはず。もっと言えば、社内にとどまらず、社外との接点も持つべきだろう。

一時社員寮が相次いで復活したのも、そのような意味合いからだった。通常業務の中ではコミュニケーションを取ることのない関係が成立するからである。最近では社内シェアハウスを用意した会社もある。

手軽なところでは食事会がある。仲の良い者同士ではなく、事務局が普段コミュニケーションを取ることのない社員同士の組み合わせで招集し、食事を用意してコミュニケーションをさせる取り組みである。このようなことでもしない限り、なかなか他部門とのコミュニケーションは成立しない。

このような仕掛けを様々な組み合わせで行うことにより、社内人脈が構築され、いざ仕事で困った時に相談できる相手ができるというメリットがあり、そこからイノベーションや部門間コラボレーションにつながっていくのだ。

経営者と現場とのコミュニケーション。これが最もハードルが高い。直接的なコミュニケーションは車座とか、タウンホールミーティングと言っ

て、経営者が現場に出向き直接コミュニケーションをする仕掛けである。これも総務が仕掛けていかないと成立しない。

このような直接的なものもさることながら、この関係でのコミュニケーションの目的とは、経営者が何を考えているかを現場社員が理解することであったり、現場社員が実際どのような思いで仕事をしているのか、あるいは現場の課題を中間管理職のバイアスをかけない生の状態で経営者に届けることである。当然直接コミュニケーションをすることで、それらの目的は達成できるが、企業規模にもよるが、なかなか全員の社員と経営者がコミュニケーションをすることは難しいだろう。

そのため、この関係でのコミュニケーションは社内報などの社内メディアで実現させることが現実的である。間接的にお互いのことを知り合うきっかけを提供するのだ。その際に大切なことは、経営者がどれだけ現場社員目線で書けるか、語れるか、という点だ。

多くの企業では社長座談会や社員との対談を社内メディア上で仕掛けている。経営者が自分で原稿を書いてしまうと、どうしても経営者目線となってしまう。そこで、実際に社員を目の前にした座談会や対談にすることで、社員目線に降りて来てもらうのだ。総論はわかるが、具体的に現場ではどのように動けばよいのか。そのイメージができるように、自身の経験や、自身だったらどのように行動するか、現場目線で語ってもらうわけである。

社内コミュニケーション活性化は、このように、**実際にどのような関係においてコミュニケーションを活性化させたいのかを具体的にイメージし、それを実現するためには、どのような仕掛けが必要かを考えることがポイントとなるのだ。**

■ 点 と 点 が 結 び 付 い た 時 、 イ ノ ベ ー シ ョ ン が 起 こ る

社内コミュニケーション活性化の目的であるイノベーション。少し詳しく見ていこう。イノベーションとは技術革新だけではない。新たなサービス、業務フローにおいても存在する。だとしたら、誰でもがイノベーションの担い手となるはず。しかし、誰もがイノベーションを起こしているわ

けではない。では、どのようにしたら起こせるのか。イノベーションは、「異なる点と点が結び付き、線となった時にイノベーションが生じる」、と言われている。

イノベーションには3種類ある。

① 「連続的なイノベーション」。既存の製品やサービスをさらに効率化したり安価にしたりするもの
② 「非連続なイノベーション」。今までの延長上ではない、全く違う要素を組み合わせることで、画期的な機能の向上をもたらすもの
③ 「破壊的なイノベーション」。今まであったものが突然必要なくなったりするような、世の中が一変するようなもの

　既存の事業、既存の商品やサービスでは大きく売上を伸ばせない中、多くの企業でイノベーションが必要となっている。あるいは、顧客の購買活動の質的変化やグローバル化により、さらに一層企業は変化を余儀なくされている。
　先に記した、「連続的なイノベーション」の実現を目指して、技術者は日夜、技術革新にしのぎを削り、営業、販売部門では売上拡大のために知恵を絞り、間接部門は生産性向上に努めている。「連続的なイノベーション」であれば、現状住み慣れた世界をベースに考えればよく、誰もがチャレンジできる世界かもしれない。
「非連続なイノベーション」と「破壊的なイノベーション」は、現状の世界とは違う世界に触れなければならない。
　技術で有名なあるメーカーの技術者の座談会に参加した時のこと。テーマは「イノベーションはどのようにして起きるか」。そこで聞いた言葉を借りると「異なる点と点が結び付いた時、それが線となり、そこでイノベーションが生まれる」ということなのだ。
「非連続イノベーション」と「破壊的イノベーション」はこのような異なる点、例えば知識、ナレッジ、視点、考え方など、異なる点に触れ、それ

が今必死に考えている点と結び付いて花が開く、というわけだ。スティーブ・ジョブズも「点」について言及している。「先を見て"点をつなげる"ことはできない。できるのは、過去を振り返って"点をつなげる"ことだけだ。だから将来、その点がつながることを信じなくてはならない」と。

だとしたら、異なる点にいかに多く触れるか、という必要性が出てくる。オープン・イノベーションとは、まさに外部といかに接点を増やすか、という考え方である。同じ研究分野であっても、異なる組織の人と会う。あるいは、全く異なる分野の人と出会う、交わる。そのために外部との接点を増やすために、オープンに、外に出る機会を増やすということだ。

自らの努力で異なる点に触れることもさることながら、企業としては、総務がそのおぜん立てをすることが可能である。いわゆる偶発的な出会いの場を、オフィス内に仕掛けるのだ。偶然出会った者同士、特に専門が異なる者同士の偶発的な出会いで交わされる何気ない会話が、インスピレーションとなり、イノベーションのヒントになるわけだ。

2015年3月号の『Diamond Harvard Business Review』ではオフィスについて取り上げられていたが、そこに掲載されていたコメントを紹介する。

> 「グーグルの新本社は、偶然の出会いを最大限に活かすための設計である」
> 「最高の意思決定や洞察は、しばしば廊下やカフェテリアでの議論から生まれる」
> 「モニターの前に座っていたのでは、最高にクリエイティブなアイデアは生まれない」

自分の席で、自らの頭だけで考えるのではなく、オフィス内で異なる専門の人と「衝突」させて、交わらせて、会話をさせるような仕掛けをオフィス内に構築する。通路上に人が立ち止まるような仕掛けをしたり、内階段を作り、交差するときに会話させようとしたり、階段の踊り場にちょっとした休憩スペースを設けたり。あの手この手で、人が衝突し、交わり、会話ができるようなおぜん立てを作るのである。

自らのオリジナルコンテンツを携え、オフィス内で他の人に刺激を与え、逆にその人のオリジナルコンテンツに触れ、自らも刺激を受ける。そのような場を数多く作ることでイノベーションを生む確率を高めるわけだ。

━━ 総務ならば知っておきたいコミュニケーション原則

　後程、具体的な社内コミュニケーション活性化の施策について紹介するが、その前にコミュニケーションについての大事な原則について述べる。社内コミュニケーションを司る総務としては知っておきたい基本原則である。

　秘書に伝えたから伝わっているはず。社内報に掲載したから読んでいるはず。発信者側は往々にして自分の立場でしか考えようとしない。しかし、「コミュニケーションは受け手により成立する」という、発信者側にはなんとも不都合な真実が存在する。

　メッセージの発信者側が勘違いしてしまう「伝えたから伝わっているはず」という思い込み、これは妄想に過ぎない。伝わるということ、つまりコミュニケーションが成立する最大の要因は受け手に委ねられているのだ。受け手がメッセージを正確に受け止め、その結果、認知することができ、理解することができなくてはコミュニケーションが成立したとは言えない。

　相手に行動してもらおうと思ったら、そのメッセージに共感し、具体的な行動イメージが伝わってやっと行動に結び付く。発信者側が伝えたと思っていても相手に伝わらないことの方がむしろ多いのかもしれない。その際、なぜ伝わらないのだろうと相手に非があるように思うことがあるだろうが、むしろ伝わらないのは「伝えきれていない」発信者側に非があることの方がほとんどなのだ。

　社内コミュニケーション担当者の「全員に社内メディアを読んでもらいたい」という思い、それはそれで間違ってはいない。会社の経費を使って最大限の効果を上げるのが責務なのだから、全員に読んでもらわなければならない。しかし、全員にメッセージが伝わるかというと、それはほとん

ど不可能である。

　確かに「知る」というレベルであれば、普通の日本語で書かれているのであれば伝わるだろう（読んでくれればという前提だが）。その上の「理解する」というレベルになると、メッセージを受け取る側が持っている情報量と理解力が問題となる。

「共感する」というレベルになるとかなりハードルが上がる。共感にはその人の価値観や人生経験が大きくものを言ってくるからである。その価値観などの理解が発信者側にあれば伝わるメッセージとなるだろうが、丸腰で発信して共感に結び付けるのは至難の業だ。結果として、共感することにより行動してもらう、そのレベルまでには到達しないというのが実際のところである。

　問題なのは、社員個々人は誰一人として同じ人間はいないという事実。興味関心、価値観が異なる。職種、業種、状況も異なる。持っている情報量、前提知識も異なる。先に記したように、コミュニケーションは受け手により成立する。そのため、本当に伝えようと思ったら相手の状況に合わせたメッセージの発信が必要となる。誰一人同じ人間がいない社内に向かって同一のメッセージを流したところで、全員に伝わることはほとんど無理ということが理解できるのではないだろうか。

　一方で全員に伝えることもない、という考え方もある。社内メディアの目的は読まれることだけではない。読まれることで社員になんらかの気づきを与え、行動に結び付け、会社に動きを作ることである。だとしたら、会社に影響力のある階層、インフルエンサーだけにメッセージを伝え、そこが動くことで全社が動くのであれば、なにも全員に読まれなくても社内メディアの目的には合致する。

　今後会社を背負っていくだろう30代のリーダークラス、店頭でバリバリと店を引っ張っている主任クラス、技術開発を仕切っているプロジェクトマネジャーたち。会社にはそれぞれ影響力のある階層が存在するはずだ。その社員をメインターゲットとしてメッセージを発信していくことも1つの方法である。

　全員に届くメッセージは存在し得ないという真実と、目的に合致するの

であれば特定の階層に絞ってメッセージを発信していくという方法。**社内コミュニケーションの要諦としては、メッセージのターゲットを絞り、そのターゲットに合ったメッセージを発信していくということである。**

　ターゲットを絞れば絞るほど、メッセージは伝わりやすくなる。なぜなら、最も伝わるコミュニケーションは1対1の会話だからだ。ターゲットは1人、その相手に対してだけ伝えようとする究極のコミュニケーションだからである。つまり、社内メディアにおいてこの状態にいかに近づけるかがポイントとなる。

　全員に読ませようとすると、様々な部署の関係性の中で表現がだんだんと丸くなるが、ターゲットを絞れば絞るほど企画と内容の深堀が可能となる。ただし、前提としてそのターゲットのことをどれだけ知っているか、ターゲットにどれだけ迫れるかが重要となる。

　このように、ターゲットの関心事や大切にしているもの、現在の仕事状況などを知らないことには、「刺さる」メッセージを作成することはできない。どれだけターゲットのことを知っているか、もっと言えば社内コミュニケーション担当者はどれだけ自社の社員のことを知っているかが大変重要になってくるというわけだ。

　コミュニケーションについては、かのドラッカーも4つの原則を記している。「コミュニケーションとは要求である、期待である、知覚である。そしてコミュニケーションとは情報ではない」。この4つの原則について社内報を例に取って解説してみよう。

■ 「コミュニケーションは要求である」

　組織内のコミュニケーションにおいては、なんらかの要求があるということを意味している。その要求とは、ある事象について知ってほしいというもの、その事象について理解してほしいというもの、共感してほしいというもの、そしてある行動をしてほしいというものがある。

　具体的な事象、例えばCSRで説明してみる。

　CSRという概念を社員に知ってほしい。CSRの背景と目的について理解してほしい。所属する企業が実践しているCSR活動について共感して

ほしい。社員自らCSR活動を実践してほしい。そのような要求、意図がある場合、例えば広報部から社員に対して、社内報でCSRの企画が掲載されるなどのコミュニケーションが行われることになる。

逆に言うと、このような明確な要求がないと、伝わるものも伝わらないと言うことができる。**コミュニケーションを取ろうとする者は明確な要求、意図を持ち、その要求が最も実現しやすいコンテンツと手段を用いてコミュニケーションの相手にアプローチしていくことになる。**要求レベルによって、表現すべきコンテンツ、取るべき手段が異なってくるので、その要求は明確にしておくことが必要となる。

また、相手に行動してもらおうと思ったら、先に記した、知る、理解、共感というプロセスが必要となる。行動まで到達するにはかなりハードルが高いということになる。

コミュニケーションが要求であるということは、下記に記す全てのものが社内コミュニケーション・ツールと言うことができる。なにも社内コミュニケーション・ツールは社内報だけではないのだ。

図10　社内コミュニケーション・ツール

□社内報　□社員手帳　□手紙　□パンフレット　□カレンダー
□メール　□イントラネット　□ホームページ　□動画

□壁新聞　□掲示（ホワイトボード）　□ポスター　□展示
□放送　□スライド　□ビデオ　□デジタルサイネージ

□勉強会　□職場集会　□会議　□説明会　□講演会
□懇談会　□朝礼

□各種運動（安全運動、提案制度など）　□運動会
□工場見学　□親睦会（社内旅行、新年会、パーティーなど）

□教育研修　□小集団活動　□プロジェクト活動　□面接
□改善提案制度　□表彰制度

教育研修もこのような人材になってほしいという要求の現れなので、社内コミュニケーション・ツールの1つと考えてもいいだろう。

　そうなると、本来的には図10の全ての社内コミュニケーション・ツールが、同じ方向を向いたメッセージを持っている必要がある。社内報ではこのように言っているのに、研修の場では異なることを言っているというのでは、メッセージを受け取る社員は混乱してしまう。表現は違えど、メッセージは同じ方向性であることが大事である。

　しかし、先のツールを全て管轄している部署は存在しないのが実情である。管轄はしないものの、それぞれの部署でメッセージを発信する場合は、他の部署のメッセージの内容に気を配ることはしたいものだ。

　メッセージを伝えるには、あの手この手で行う必要がある。単一のツールで伝わることはほとんどないと言ってもいいだろう。先にコミュニケーション・ツール間のメッセージの統一性が必要と言ったが、それぞれの部門が保有している社内コミュニケーション・ツール間のメディア・ミックスも考えておくことが必要である。それは、1つのメッセージを部門間で協力して、多様なツールで多角的に伝えるという手法である。そのため、それぞれのツールの強み、弱みを把握しておくことが大切となる。

　社内報やイントラネットなどの社内メディアは読まれなければ全く伝わらない。いかに読まれるかという工夫が必要だが、いつでも・どこでも・誰でも読めるというメリット、じっくり読まれれば深い理解まで到達することが可能だ。

　一方、リアルな「場」のツールは、参加者へ臨場感のある強烈なメッセージを届けることができる。共感、感動させるには最適なツールである。しかし、職場に戻ると元の木阿弥という事態はよくあること。そのメッセージを継続させることが課題でもある。

　このように一長一短あるツールを組み合わせることで、それぞれのコミュニケーションの要求を実現させることを企画するのだ。現在はICTの進展が目覚ましく、多様なツールが存在している。社内コミュニケーションを司る部署では、ツールの研究を怠らず、最適なコミュニケーション環境を構築すべきだろう。

■■ 「コミュニケーションは期待である」

　コミュニケーションの受け手は自分の関心事には耳を傾けるが、それから外れるものは聞いているようで聞いていない、ということ。

　社内報で読者ターゲットを定めたのであれば、そのターゲットの興味、関心事を把握して、伝えたいメッセージをそれにリンクするような加工を施すことが必要になる。いわゆる企画の切り口を考えることが該当する。

　そのためには、机の上だけで仕事をするのではなく、積極的に現場に出向き、社員が今何を考えながら仕事をしているのか、どのような課題や不安を抱えているのかをつかむことが必要である。**現場の空気感を把握しにいくのだ。**

■■ 「コミュニケーションは知覚である」

　端的に言えば、コミュニケーションでは、相手との違いを意識することが大事である、ということ。相手と自分は全く異なる、この意識が大切なのだ。

　ドラッカーはこのようなたとえを使って説明している。自分はロシア語で会話できたとしても、相手がそれを解さなければ、ロシア語での会話ではコミュニケーションは成立しない。自分はロシア語がわかるが、相手はロシア語がわからない。ロシア語についての自分と相手との違いを意識しないといけない。だから「コミュニケーションは知覚である」と言っているのだ。

「そんなことは当たり前！」と思われる方がほとんどだろう。確かに、このたとえならば誰にでも理解できる。しかし、経営者が社員にメッセージを発信する。総務が社内報を発行する。開発部門が営業部門に依頼する。このような日常の何気ない場面においても、「コミュニケーションは知覚である」を意識しないことによる、コミュニケーションが成立していない状況が生じているのだ。

　そもそも、自分と全く同じ人間はこの世に存在しない。全く同じバックグラウンド、同じ考え方、同じ情報リテラシーを持っている人間は存在し

ない。そして、コミュニケーションにおいては、2人以上の人間の存在がある。だとしたら、コミュニケーションにおいては、常に相手との違いを意識しなければならないはずだ。

先に記した、経営者が社員にメッセージを発信する際、どうしても経営者目線になってしまう。経営者と社員では見ている世界が大きく異なる。考えていること、問題意識も全く異なる。持っている情報、触れている情報に歴然たる違いがあるのだ。この違いを意識して経営者はメッセージを発信しないと、社員は理解することができない。見ている世界が違うから、追い付いていけないのだ。

たとえ理解できたとしても、自分の身に置き換えて具体的な行動をイメージすることができないはずである。よくある「総論賛成、各論意味不明」状態に陥ってしまうのだ。

この例もまた、「そりゃ、そうだろう！」と理解しやすいものかもしれない。しかし、次に記す例、総務が社内報を発行するという事例ではどうだろうか？　実際に多くの担当者が「コミュニケーションは知覚である」を全く意識せずに、社内報を発行している。結果として、読まれない、行動に結び付かないものになっているのだ。

総務のメンバーは、他の管理部門も同様だが、一般的に経営の中枢部門であるはずだ。そこでは、毎日のように高度な情報がやり取りされ、また経営層と日常的に接する部門でもある。最新の情報シャワーを常に浴び続けている人たちだ。

一方、現場の社員は目の前の仕事に忙殺され、その仕事に対応するために必要な情報にしか触れていない場合もある。日常的に経営層と接点があるということはまれなことだろう。偏った、範囲の狭い情報シャワーしか浴びていないケースもある。

この場合、総務のメンバーの目線で作成した社内報が、果たして現場の社員に理解できるだろうか。確かに日本語が読めれば、なんとなくは理解できるだろうが、経営用語や専門用語を駆使されては、その理解もおぼつかないことになる。

これでは共感されることはほとんど不可能ではないだろうか。そもそも

問題意識が異なり、見ている世界が違えば、自分事として捉えることはない。関係性が認知できない限り、当事者意識を持って共感することはあり得ない。結果、コミュニケーションを取ろうとする者の意図に合った行動を、コミュニケーションの相手側が取ることはないだろう。

このように、相手との違いを意識して、相手の目線でコミュニケーションをするということは、相当意識的に行う必要がある。

コミュニケーションは、受け手に主導権がある。どんなに相手のことを考えてコミュニケーションをしたとしても、相手が「わからない」と言ってしまえば、そのコミュニケーションは成立しない。そのため、コミュニケーションを取ろうとする場合、相手の状況をよく把握することが前提となる。相手の関心事や問題意識、情報量などを把握して、それを前提にコミュニケーションをするのだ。ドラッカーの言うところの、自分と相手との違いを知ることがコミュニケーションを成立させることにつながるのだ。

コミュニケーションは相手により成立する。であるなら、相手が理解できるようなコミュニケーションにする。であるなら、相手に合わせたコミュニケーションにする。よって、相手に合わせるのであれば、相手のことをより深く知ることが必要となる、ということになる。

━━ 「コミュニケーションは情報ではない」

数値や客観的な記述では、コミュニケーションの最終目的である行動には結び付かない。共感や感動を与えられるようなストーリーによりコミュニケーションはなされるべきである、ということだ。

ストーリーテリングは社内報にも必要である。自分事として捉えてもらわなければ、行動には結び付かない。その当事者意識を喚起させるためには、感情移入ができるような、起承転結のあるストーリーとして伝える必要がある。

課題があり、どのように苦しみ、それをどのように克服し、どのような効果があったのか。当事者に、感情の流れも含めて語ってもらう。読者が疑似体験できるようなストーリーとして掲載することで、共感を得てもら

い、自らに置き換え、その効果を自らイメージして、初めて行動に結び付く可能性があるのだ。

数値や箇条書きでポイントを示されたとしても、そこにはなんら共感を得ることはないだろう。**どこまでエモーショナルな表現ができるかが勝負となる。**

話す能力と聞く能力の格差

ここまでコミュニケーションを取ろうとする側について記してきた。いかにすればメッセージが伝わるのか、理解してもらえるのか、はたまた行動してもらえるのか。その工夫や考え方について記してきた。しかし、「コミュニケーションは受け手により成立する」という原則がある限り、コミュニケーションを取ろうとする側の努力には限界がある。むしろ、コミュニケーションを受ける側の努力や姿勢が、メッセージ伝達には必要であり、それにより良好なコミュニケーションが成立するのだ。

最も伝わるコミュニケーションは、「Face to Face」の1対1のコミュニケーションである。目の前にコミュニケーションをする相手がいれば、その人に合わせた話のレベルでコミュニケーションが取れるし、その反応を見て対応が可能である。

しかし、目の前で話をしていても、受け手が集中して聞いているかどうかは定かではない。聞いているようで聞いていない。集中しているようで他のことを考えている。そのような事態が生じているのだ。それはなぜ起こるのだろうか？

ある調査によると、日本人の話すスピードは毎分400字程度である一方で、聞くスピードは毎分2000字程度であるという。つまり、人間の話す能力と聞く能力には大きな開きがあることになる。人の話を聞くときには、脳が持っている聞く能力に対して、かなり遅いスピードで話がされている状態となる。つまり、脳にとっては、持っている能力と比べてかなり余裕がある状態で聞いていることになる。この余裕のある状態が「曲者」なのだ。

脳に余裕があると、話を聞きながら、つい他のことを考えてしまう。能

力的に考えることができてしまうのだ。脳の持っている処理能力に余裕があるので、他のことを考えながらも、なんとか聞くことができる。もちろん、集中して聞いている状態と比較すれば、その理解度も格段に落ちるが、適度に相づちを打ったり、他のことを考えながらも、話の前後のつながりをつけて、さも聞いているように対応できてしまうのだ。

たとえ、1対1のコミュニケーションであっても、相手は集中して聞いているかわからないのだ。集中していなければ、しっかりとメッセージが伝わるかどうかわからない。コミュニケーションの集中を継続させる努力が必要になるのだ。

受け手の集中を継続させるには、適度に質問をすることが1つの方法となる。よくセミナーや研修で、講師が質問し始めると、受講者の緊張が一気に高まり、集中し始めるという風景を見る。話についていけないと、質問に答えられないからだ。

また、受け手にとって興味関心事の話が始まると、集中して聞き始める。セミナーの場で言えば、事例を紹介し始めると、聴衆の顔が一斉にこちらを向く。事例は、身近なことであるとともに、具体的なイメージが湧くからだ。また、勉強をする人はとにかく事例をほしがる傾向がある。どうすればいいか、という解決策をほしがるからである。

だとしたら、コミュニケーションの相手が、どのようなことに興味があるか、どのような話の内容だったら食いついてくるかを把握しておくことが必要になる。事例なのか、考え方なのか。その点を強調してあげるといいだろう。

また、話の長さ、伝えようとするメッセージの分量にも配慮が必要である。ある心理学者による某会社のコマーシャルポスターでの実験では、文字数が50字と150字、どちらの方を読んだかという実験があった。結果は50字の方。文字数が多いと、そもそも読まれないという傾向があるようだ。

またある実験では、メッセージが1本のポスターと、メッセージが10本のポスター、どちらが記憶に残ったかというと、メッセージが1本のポスターの方。つまり、伝えるには極力メッセージを絞り込む、そして少ない

文字数で表現するという配慮が必要となってくる。

　脳の能力が優れていることで傾聴ができないということ以外にも、コミュニケーションを取ろうとする人の態度に傾聴の妨げになる要因があることがある。話している態度が気に食わないとか、何かの一言に対して「かちん」ときてしまい、それ以降は全く真面目に聞こうとしなくなってしまう。このような感情に左右されると、傾聴することができなくなってしまう。そのため、コミュニケーションを取ろうとする人は、その態度に気を付けるとともに、コミュニケーションの受け手は、話を聞く際は私情を交えずに、話している内容、その内容の是非の判断に集中することが重要である。嫌な態度であっても、聞いておくべき内容であるかもしれないのだ。

　とにかくメッセージをしっかりと伝えることは難しい。話し手と聞き手の共同作業によりメッセージは伝わっていく。どちらか一方の努力だけでは、なかなか伝わらないのだ。聞いているようで聞いていない。これもまた現実であると意識しておいてほしい。

社内コミュニケーション
活性化戦略 ②

メディア、オフィス、イベントの三位一体で仕掛ける

■ 社内コミュニケーション活性化　4つの施策

　社内報、社内イベント、オフィス・レイアウト。組織を活性化する施策はいろいろある。しかし、それぞれの施策をやみくもに実施しても効果は限定的になる。それぞれの施策の効果を把握して、連動させていかなければならない。

　組織を活性化させる施策の連動性とは何か。**お互いを知るきっかけの提供、偶発的な出会いの場の仕掛け、意図された交わりの場の仕掛け、そして、変える。**

　これからは、この4つのフェーズを説明していく。

図11　4つのフェーズ

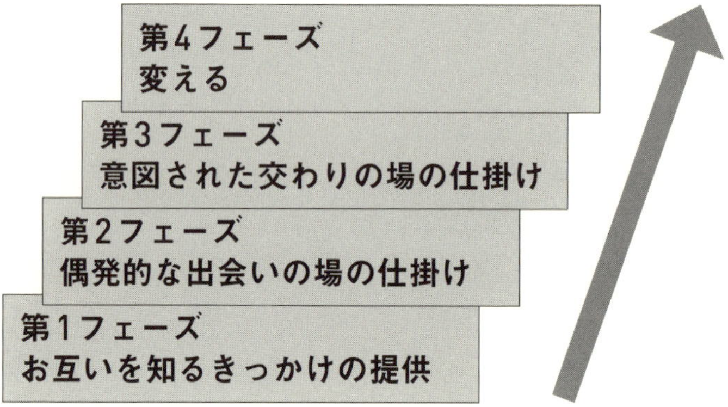

第4フェーズ
変える

第3フェーズ
意図された交わりの場の仕掛け

第2フェーズ
偶発的な出会いの場の仕掛け

第1フェーズ
お互いを知るきっかけの提供

■ 第1フェーズ：お互いを知るきっかけの提供

　組織の活性化。具体的なイメージは組織内でコミュニケーションが活発になされている状態だろう。ここかしこでコミュニケーション、会話がさ

れている。そのためには、**誰がどの部署でどのような仕事をしており、どのようなプライベートを送っているのか、お互いがどのような人間なのかを知っておくことが必要である。**

　社内報を創刊する際、社内報でどのようなことが知りたいかというアンケートを取ると、どの企業でも、どのような部署があるのか、どのようなメンバーがどこにいるのかを知りたいという要望が上位にくる。部署紹介、人物紹介の企画がそれに該当する。そのような企画を通じて、コミュニケーションを取る相手が見つかり、会話の糸口が見つかる。当然、同一部署内ではリアルな自己紹介がそれに当たる。社内報の部署紹介、人物紹介はメディアを通じての自己紹介となるわけだ。

　会話のきっかけの提供は社内報だけではない。イントラ内のWeb社内報でも可能だろうし、壁新聞も効果的だ。壁新聞は複数人で一緒に見ることができるから、壁新聞の記事を酒の肴にして会話が盛り上がる。ICTの進展により、それはデジタルサイネージとして多くの企業で活用されている。

━━ 第2フェーズ：偶発的な出会いの場の仕掛け

　お互いを知るきっかけを社内コミュニケーションメディアで提供した後に効果的なのは、偶発的な出会いの場の仕掛け。偶発的な場において、コミュニケーションのきっかけを提供しようとする施策である。特に、部門が異なる、専門が異なる社員が偶然出会うことはイノベーションに結び付くとされ、偶発的な出会いの場の効用が説かれている。

　具体的な施策はオフィスレイアウトだ。コピーやプリンターなどの共用機材を集中配備して、コピーをする際、出力を待つ際の偶発的出会いを演出する。あるいは、オフィス内の主要通路のそばにコーヒーコーナーやリフレッシュスペースを配置して、ほっと一息する際の偶発的出会いに賭ける。オフィスは日常的に使う場なので、その中にいろいろと仕掛けをしていくことは大変効果的である。

　社内イベントも施策の1つ。社員同士が和やかに歓談できる場がそれに当たる。キックオフの後の懇親会や、周年行事としての社内パーティー。

久しぶりに出会う同期や、いつもメールだけの間柄の社員同士が、懇親会の場で偶然出会い、話がはずむ。その会話を通じてお互いがより深い関係になっていく。その場を仕掛けるのだ。

偶発的な出会いの場の提供は、コミュニケーションが生まれる可能性に賭けることであるので、数多くその場を提供することがポイントとなる。

■ 第3フェーズ：意図された交わりの場の仕掛け

第2フェーズが偶発的な出会いの場であるのに対して、こちらは事務局側が意図した出会いの場の提供である。事務局側が引き合わせたい社員同士をコミュニケーションの場に連れてくるのだ。

例えば食事会。仲の良い者同士の食事代を補助するケースもあるが、ここでの施策は、事務局側が食事会の参加者をピックアップして連れてくる。普段話す機会のない社員同士をあえて同じ場に連れてきて、お弁当を提供、場合によっては話すテーマも選定する。ワークショップも同様である。各テーブルのグルーピングを事務局が選定していく。この場で初めて会ってコミュニケーションを取ることで、その後、仕事で困ったときの相談先になったり、プロジェクトチームを組むときのメンバーとして招聘するケースもあるだろう。

社内報の座談会も同様の効果がある。会話がはずむからといって、知り合いばかりを集めるのは意味がない。可能な限り、普段会話をすることのない社員同士を組み合わせることで、その後の展開に期待するのだ。

いずれにせよ、このフェーズでは、**偶発的な出会いを待っていては出会わないようなメンバー同士を、事務局が意図して出会わせる場を提供する**。そのため、事務局側として、普段のコミュニケーションの実態を把握しておくことが肝要となる。

■ 第4フェーズ：変える

最後は、特定のメンバーの場を変えてしまう施策だ。席替えであったり、レイアウト変更であったり、もっと直接的には人事異動がある。全く異なる働く場に異動することにより、新たな関係性が構築され、今までの

人的ネットワークを新たな働く場に接続することも期待できる。

　ある企業では、社内短期留学という制度がある。例えば、人事部のメンバーが経理部に期間を定めて送り込まれる。経理部に留学した人事部のメンバーは、経理の素人だから、あれやこれやと根本的な質問を投げかけていく。従来は普通と思っていた仕事に、様々な質問が投げかけられ、経理部のメンバーは多くの気づきを得るそうだ。当然、その人事部メンバーは経理部に人脈を築くことができる。

　一方、メンバーを差し出した人事部では、人員がいきなり純減となるので、部全体でその分をカバーしなければならず、そのためにさらに深いコミュニケーションが取られることだろう。

　このフェーズは、**特定のメンバーを強制的に元いた場から、異なる場へ異動させる施策である。**どのメンバーを異動させるかによって、その効果も大きく異なる。インフルエンサーと言われる影響力の大きなメンバーを上手に動かすことで、様々な部署でのコミュニケーションが活性化されることだろう。

━━ 社内イベントの運営ポイント

　第2フェーズのオフィスの仕掛けは、オフィス戦略の項（152ページを参照）で詳しく記すので、ここでは社内イベントの活用について紹介する。

　春のお花見から暑気払いにバーベキューパーティー。秋の紅葉に続き、年末になれば忘年会や新年会。社内の親睦を深めるための社内イベントが数多く実施されることだろう。親睦会と言えども、会社負担で行うのであれば、事務局側の総務としては、なんらかの効果を見越して企画、実施したいものである。

　社内イベント後の職場内変化、上位5つは次ページの図のような結果となっている。

図12　社内イベント後の職場内変化

1	職場の中でコミュニケーションが増えた
2	他部門と仕事がしやすくなった
3	仕事に対するモチベーションが上がった
4	上司と話しやすくなった
5	職場に活気が出た

出典：JTBモチベーションズ（現：JTBコミュニケーションデザイン）が実施した「社内イベントに関するモチベーション調査」より

　この調査結果からもわかるように、社内コミュニケーションに対して大きな効果があるとともに、業績向上にも効果があるようだ。他部門と仕事がしやすくなる、モチベーションが上がる、上司と話しやすくなる。これらは、そのまま業績向上につながる良い風土に直結するからである。組織のベースとなるコミュニケーションが活性化されるとともに、他の部門との協業の風土、それによるイノベーションが生まれる風土が醸成されることにもつながるのだ。

　このように大きな効果が見込まれる社内イベントだが、さらにその効果をアップさせるにはどのような取り組みが必要となってくるのだろうか。社内イベントは、コストも人手もかかる。就業時間内に行われる社内イベントでは、参加した社員の機会損失というリスクも背負っていることになる。周年事業のイベントだと、多大なコストと社外のお客様への配慮も必要となる。

　当然ながら、何か企画意図があるから社内イベントを行うわけだが、事務局内では社内イベントの企画意図について、首尾一貫した姿勢が必要となる。判断に迷ったらその判断軸となり、参加者にとっては「ぶれない、意味のある」イベントだと見られなければならない。

　逆に言えば、今まで行っていた社内イベントの目的を再度見直してみるべきだ。そもそも何のためにそのイベントを行っていたのか、目的は何なのか。単純な親睦会だけでいいのか、多少なりとも経営メッセージを含ま

せるのか。せっかく多くの社員を集めたのであれば、去年より、前回より効果のあるものにしたいところである。

例えば、12月の定例行事である忘年会。例年通りに行うのではなく、忘年会の目的は何なのか、今一度考えてみよう。目的が「組織風土を良くするための懇親の場」であるなら、年間MVPを表彰する場にしてもいいかもしれない。その際も、なぜ表彰されたかを伝えることで、会社はこのような動きをする社員になってほしいのか、という気づきにもつながる。そのような仕掛けをすることで、従来の飲み会も少しバージョンアップ、さらに効果のあるものにすることができる。

事務局側の首尾一貫性とともに、社内イベントを開催、告知する際にも、企画意図は明確に謳っておくことが大切だ。参加する側の意識のベクトルを合わせておくことで、イベントの成功率も上がる。先の忘年会の企画意図、プログラムも事前に告知しておくことで、参加する側の心構えともなり、事前準備も可能となり、結果として成功、意図した企画の効果が上げられることになる。

確かに、サプライズという趣向もあるだろう。それはそれで隠しておいて、しかし企画意図、社内イベントの目的は事前に明確にして、告知することが大切だ。

一方で、失敗する社内イベントとはどのようなものなのか。社内イベントの良くなかった点の上位3つは下図の通りだ。

図13　失敗する社内イベント

1	一方的に聞くだけで退屈した
2	社長や役員の話が長すぎた、または共感できなかった
3	一部の社員のみだったこと

出典：JTBモチベーションズ（現：JTBコミュニケーションデザイン）が実施した「社内イベントに関するモチベーション調査」より

全社会議やキックオフ、表彰式や周年イベントなどで考えられることだ

が、経営層の話が長いと、社内イベントに悪い印象を与えてしまうようだ。それはそのまま、事務局側、運営側への不信感となってしまう。忙しい中をやりくりして参加したのに、そのイベントに価値を見出せないとなると、その不満は大きくなってしまう。コストをかけて、社員の時間を使ったのに、結果として社員の不満だけを募らせてしまう最悪のものとなってしまうわけだ。

　経営層としては、せっかく多くの社員が一同に会したのであるから、伝えたいことをこの場で一気に伝えたい、そのように思うことも仕方ないことだろう。事務局側としては、この経営層と参加者側との板挟みとなるが、参加者が満足しない限りは、そのイベントは成功とは言えない。発信者側のみ満足するイベントは、ぜひとも避けたいところである。

　それでは、参加者が喜ぶ社内イベントはどのようなものか。下図を見てほしい。

図14　社内イベントの良かった点

1	社員全員が同じ場所に集まったこと
2	参加型で、自分たちも一緒に楽しめたこと
3	食べ物や飲み物

出典：JTBモチベーションズ（現：JTBコミュニケーションデザイン）が実施した「社内イベントに関するモチベーション調査」より

　調査結果を見ると、集まること自体が良かったとされている。社員全員が集まる機会はあまりないだろうし、メール全盛のこの時代だからこそ、リアルなコミュニケーションが必要とされているのかもしれない。

　先の、社内イベントの良くなかった点の裏返しとして、自らも参加でき、楽しめることが評価されている。情報交換会も、最も満足が高いのは、最も話をした人という結果が出ている。有益な情報を得ることの満足よりも、自分も関わった、自分も参加したという意識が大切なのだ。

第3章　現場をよみがえらせる戦略総務の仕事術

図15　参加したいと思う社内イベント

1	社員同士が和やかに交流できる社内イベント
2	海外など普段行けない場所で開催される社内イベント
3	他部門のことがわかったり交流したりできるイベント

　ここも、和やかに交流、つまりは当事者として参加できることが望まれている結果となっている。全員参加のワークショップであったり、懇親会であったり、席に座りっぱなしというイベントは避けるべきだろう。

　いずれにせよ、企画運営側としては、参加者目線で、参加することにどのような意味があるのか、参加することのメリットは何なのか、自らも参加でき楽しめることができるのかといった視点で企画することが大切になる。「コミュニケーションは受け手により成立する」と同様に、イベントも参加者の参加した感想が、その成功の鍵を握っていると考えて企画することが必要だ。

■　工夫を凝らした社内活性化策

　次に具体的な社内活性化策をいくつか紹介しよう。

　社内大学という名称で運営している企業が多数ある。外部から専門家を招聘して勉強会や研修を開催するのではなく、講師役を社員とするのだ。それも業務に関する勉強会のみならず、業務外についても同様に行う。

　まずは業務系の勉強会。業務に関する専門知識を有する社員に講師役を任命。任命された社員は、必死になって勉強会の資料作り、プレゼンの練習を行う。それは自身の成長の機会ともなる。

　勉強会を社内に告知することで、自社にこのような専門家が存在するのだ、というPRにもなる。また勉強会に参加して、社員は勉強になるとともに、素晴らしい社内人脈を作ることができる。困ったらこの人に連絡しよう、そのようにしてこれから会話するきっかけ、知り合う場を提供することになるのだ。

　では、業務外の勉強会とはどのようなものだろうか。

例えば、プライベートでヨガを行っており、相応の知識がある。写真撮影が趣味で、その腕前がプロ級。そのようなプライベートで専門家顔負けの社員がいるはずである。そのような社員に、課外活動的に講師役を頼み、希望者を募って勉強会を行うのだ。

参加者は当然、様々な部署から集まってくるはずなので、参加した者同士の知り合うきっかけを提供することができる。お互い自己紹介などするはずなので、仕事上での結び付きの可能性も考えられる。

講師役としては、晴れの舞台で活躍でき、その場に参加した者同士の会話の場の提供、そして講師役との人脈作り、参加者同士の人脈作りに寄与することができる。自らが興味のあることなので、積極的に知り合い、会話をすることが期待できる。

あるアパレル会社では、会ったことのない社員同士がペアを組み、お互いにプレゼントを贈るという制度がある。相手にいかに喜んでもらうかを考える上で、相手のことをより深く知るきっかけが提供されるのだ。

総務部が事務局となり、毎月、接点のない社員同士の組み合わせを作り、双方にその相手を連絡する。月1回行われる全体会でプレゼントの贈呈は行われる。なので、連絡を受けた社員は、プレゼントを贈る相手の喜ぶ顔、全体会の参加者の驚く顔のために、必死になってリサーチを行う。相手本人には聞けないから、その本人が所属する部署のメンバーや上司、同期社員に本人の趣味嗜好をヒアリングする。今まで接点のない人の所属する部署のため、その部署の他メンバーともほとんど接点がない場合が多いだろう。そのため、自己紹介から始めて、いろいろなメンバーと話をする機会の場ともなるのだ。

プレゼント交換当日。お互いが初めてその場で会話をするのだが、ヒアリングした他のメンバーよりも、お互いのことを知り合った仲なので、その結び付きは深いものとなる。一気に距離が縮まり、双方の部署の「ハブ」、潤滑油としての役割が期待されることだろう。

このようなプレゼント交換を繰り返すことで、そのヒアリング段階から様々な部署に出入りするきっかけともなり、やがてほとんどの部署の人と話すことになる。このような会話のきっかけを、どのように提供するかが

重要なのだ。

いくら人の出会いがあったとしても、糸口がないとなかなか会話は始まらない。それを現代版の壁新聞であるデジタルサイネージで提供する取り組みもある。ある企業では、当該月の誕生日の社員をサイネージ上で紹介する。それを見た社員が、その該当者と出会えば、「誕生日おめでとう！」というところから会話を始めることができる。

ある企業では、人物紹介を掲載している。所属部署から、業務での得意分野、趣味や好きな食べ物といったプライベート情報まで掲載する。一定のスパンで紹介する社員を入れ替え、多くの社員を紹介していく。これにより、気軽に声がかけられるきっかけを提供するのだ。

人物事典、社員名鑑を作成する企業も多いようだ。その事典を見ながら電話をしたり、初めて会う際の事前情報を仕入れるのだ。それも、円滑なコミュニケーションができるようにするための施策なのだ。

このように、まずは知ることからコミュニケーションは始まる。サイネージではなくとも、自社にある社内メディアにおいて社員を紹介する。これが何よりも社内活性化には必要なことなのである。

「2・6・2の原則」で進める
ワークスタイル戦略

効率性と創造性の観点で上位2割の好事例を発信

■ キーワードの本質的理解の必要性

世に言われる「働き方改革」をここでは「ワークスタイル変革」と表現し、その進め方について、1つの考え方を紹介する。このワークスタイル変革において、大事なことは、以下の3つである。

> ①そもそも、なんのためのワークスタイル変革なのか
> ②そのワークスタイル変革をどのようにして総務の施策と結び付けるのか
> ③そして、この大きな施策をどのように進めていくのか

ワークスタイル変革、健康経営、ワーク・ライフ・バランス、ダイバーシティ。日々目にするキーワード。これらは全て「手段」であることを認識することが大事である。ある状態を目指すための手段であり、このキーワード自体を実現することが目的ではない。同様にワークスタイル変革と言った場合、なんのためにワークスタイル変革を行うのか、ここが明確でないと、政府が提示する数合わせや、人事的な制度の導入に終始し、継続されず、また数年後に同じようなキーワードに踊らされ、同じような施策を実施していた、ということになりかねない。**本質的な理解がないまま、進めることは総務としては絶対に避けるべきである。**

■ 環境適応と成果のためのワークスタイル変革

すでに記してきたように、企業にとって最も大事なことは、その存続である。その存続を前提とした、持続的な成長が必須となる。VUCA時代と言われる変化の激しい世の中で企業が存続していくには、時代の流れを読み、その中で環境に適応し、企業が自ら変化していく。その変化を実践し

ていくための「1つの手段」がワークスタイル変革であるのだ。厳しい世の中でも、企業が存続し、企業としての成果を実現して、さらに成長していく。そのための「1つの手段」がワークスタイル変革なのだ。端的に言えば、環境適応と成果、このためにワークスタイルを変革していくことになる。

　だとしたら、すでに環境にも適応し、着実に成果が上がっているのなら、なにも従来のワークスタイルを変革しなくてもいい、ということにもなる。ワークスタイル変革が目的ではなく、手段であるのなら、そういう結論になってもかまわない。政府が言うから、同業がしているからワークスタイル変革を行うのではなく、自社としての必要性をまず認識することが大事である。

　猫も杓子もワークスタイル変革の今の時代、総務としては冷静に判断することが求められる。いわば最後の砦として、総務が本質的、そして客観性を持って判断すべきなのである。

　しかし、現実問題として、生産年齢人口が減り続け、商品のソフト化、それに伴う商品のライフサイクルの短縮化、グローバル化など、足元の大きな変化に従来型のワークスタイル変革では対応できない結果、多くの企業でワークスタイル変革の必要性が叫ばれているのだ。とにかく**大事なのは、世の中の流れを読み解くことなのである。**

　では、世の中の流れとして、どのような項目を総務として注視していくべきか。次ページの図を見てほしい。

図16　総務として注視すべきテーマ

1	政治状況	法律　規制　政府　政党　消費者保護 国際政治　地政学的リスク　など
2	経済状況	景気　インフレ・デフレ　株価　金利　為替 地域経済　国際経済　など
3	社会動向	人口　教育　文化　宗教　嗜好　CSR グローバル化　地域社会　など
4	環境動向	気候　汚染　省エネ　新エネルギー 保護運動　国際規制　など
5	技術動向	AI　IoT　輸送　ICT　素材　科学 新サービス　ISO　など

　総務としては、新聞はもとより、外部ネットワークを構築して、そこから最新の情報を入手し、来るべき未来に対して準備しておくべきなのだ。

　情報を収集し、このままでは自社は環境に適応できず、衰退してしまう。ワークスタイル変革が必要であると認識した場合、次に大事なことは、具体的にどのように施策に落とし込むかという問題である。ワークスタイル変革と言っても、何をしたらいいかが見えずに、悩んでいる総務が多いように見える。

━━ 効率性の向上と創造性の向上

　現在、安倍内閣で進めている働き方改革が目指すのは、2020年のオリンピックまでに、過労死の防止、つまりは長時間労働の削減であり、育児支援やワーク・ライフ・バランスに基づく女性活躍が中心となっている。どちらも、働く時間を短くしていく、という課題が存在する。働く時間が短くなり、しかし仕事の量が変わらなければ、処理する仕事量が減っていくことになり、結果的に成果は着実に落ちていくことになる。

　成果を維持、さらに上げるには、仕事の量を減らさず、効率的に回すことが必要となり、ここで生産性という視点が出てくる。仕事の効率性を上げ、労働時間が短くなっても、同等の、それ以上の成果を上げていかなけ

ればならない。不必要な仕事はやめ、業務改善、業務効率化に取り組む。「やめる、減らす、変える」という、業務改善の王道に沿って、全ての業務をゼロベースで見直すことが、企業の全ての組織で必要となってくる。

　一方、企業の本来の目的である、成果を上げるため、という視点に立つと、商品のライフサイクルの短縮化、あるいは商品の差別化を推進する上でも、組織のイノベーション創出能力の向上が必要となってくる。いわゆる創造性の向上である。

　この2つの視点、効率性と創造性の向上。これを総務が預かる「働く場」においてどう実現していくかを考え、実践していくことが1つの考え方である。長時間労働削減のための人事的な施策は当然人事部が行い、ICTを使った業務効率化については情報システム室が実行する。総務としては、**総務の主戦場である「働く場」における効率性と創造性の向上を目指すのである。**

　総務として、「働く場」における効率性を向上させるには、

①**現場社員が雑務に煩わされることがなく、本業に専念できる「働く場」**
②**現場社員の働くモードに合ったワークプレイスが、選択できる「働く場」**
③**現場社員の業務効率化に資するツールを、提供し続ける「働く場」**

ということがあるのではないだろうか。

　①では、オフィス・コシェルジュのような窓口があり、本業以外の雑務や場合によってはプライベートの雑務についても対応してくれるような、サービス・カウンターである。先進的な企業では、実際プライベートの雑務も引き受けている事例がある。大抵の場合は外部のBPO先が常駐して、一切合財を引き受け、そのBPO先がさらに外部のBPO先に対応を指示する。サプライヤーマネジメントまで引き受けてくれる。業務上で何か困ったら、その窓口に行き、プロが対応する。結果、本業にまい進できる、そ

んな仕組みである。

　②では、フリーアドレスであり、集中したい時には集中ブースがあり、ちょっとしたミーティングがしたいときは、予約なしのちょいミーティングスペースが使え、本格的な討議がしたい場合はAV機器完備の会議室がある。リフレッシュしたければ、リフレッシュスペースがあり、美味しいコーヒーが飲め、小腹がすいたら軽食もとれ、午後の睡魔の解消のための昼寝スペースがある。短時間でリフレッシュできるように、環境を整える。

　このように、働くモードに適したスペースが存在し、それがいつでも誰でも活用できる場として提供する。それにより、最も適した状態で仕事ができ、効率性を向上させ、アウトプットも向上させる。物理的な場のみならず、人間の五感にも配慮する。音や香りや色も配慮し、効率性の向上を図る取り組みが考えられる。

　③では、クラウドやICT含め、情報システム室と共同で、業務改善に資するツールを提供していく。フリーアドレスやテレワークを考えると、どうしても書類の電子化が必須となる。書類だと紛失のリスクもあり、それを探すというムダな作業も生じてしまう。書類の電子化はもとより、電子データのファイリング、さらにWebでの各種手続き申請など、最新のツールを導入することで、少しでも現場の負担を緩和することを目指す。

　あるいは、総務が現場に依頼している各種ルールの緩和や撤廃、手続きの簡素化などを通じて、現場社員が本業に専念できるように取り計らう。

　以上のような考えで現場社員の効率性の向上を図っていく。その実現により、総務自身の効率性も向上していくはずである。

　続いて、総務として「働く場」における創造性を向上させるには、

①現場社員が他部門のメンバーと容易に交われる「働く場」の仕掛け
②現場社員が手軽に多種多様なミーティングができる「働く場」の仕掛け
③現場社員が社外のナレッジと触れ合うことのできる「働く場」の仕掛け

ということがあるのではないだろうか。

創造性を発揮することでイノベーションが創出され、新たな事業や商品、サービスが生まれる。このイノベーションが生まれやすくなるような環境を創出することが、総務のできる創造性の向上である。

イノベーションは多様性から生まれると言われる。多様なナレッジが交じり合い、新たな組み合わせからイノベーションの芽が生まれる。それは、専門分野の違うメンバー、もっと言えば異なる部門のメンバー同士のインフォーマルなコミュニケーションから生まれる。だとしたら、そのような場がいたるところで生ずるような働く場を仕掛けていけばいいのだ。

①では、コピー機を1ヵ所に集めたマグネットスペースであり、手軽に利用できるリフレッシュルーム。内階段で他部門のメンバーと交われるようにしたり、執務室内の動線を複雑にし、目と目が合いやすい状況にしてしまったり。詳しくはオフィス作りのところで記してあるが、他部門のメンバーとの出会い、交流する仕掛けを随所に仕込んでおく。

②においては、その交流が実現し、その場でインフォーマル・コミュニケーションが取れるような場も提供してしまう。ざっくばらんな気軽な会話からインスピレーションが生まれるものだ。そのようなちょいミーティングスペースを随所に配置し、いたるところでブレストが行われるような仕掛けをしていく。

③においては、さらに外部のナレッジとの交流も図る。社内に外部の人も利用できるオープンスペースを作り、外部のナレッジを呼び込む。場であり、イベントを仕掛けることも可能だろう。自社のメンバーなら気軽に参加できる場を仕掛ける。オープン参加のセミナーも同様である。あるいは、様々な分野の資料をリフレッシュルームに配置することもその一助となる。社員に気づきを与える、それも外部のナレッジを活用して。そのようなことを仕掛けることもできるはずだ。

■ 変化への抵抗と無意識行動の変化

このようにして、ワークスタイル変革という大きなキーワードに悩むのではなく、効率性の向上、創造性の向上という、現場の施策がイメージで

きる言葉にブレイクダウンして、総務の実践する施策と接続していくことが大事である。

とは言いつつも、ワークスタイル変革とは会社を大きく変化させる施策でもある。この変化ということ自体に大きな課題が存在するのだ。

というのも、すでに業務を通じて実感されていると思うが、人はそもそも変化を好まない。

なぜなら、

①慣れ親しんだ行動の方が見通しを立てやすい
②未経験の新たな行動には不安やリスクがつきまとう
③変化そのものに心理的な抵抗を覚え、変革を好まない

という理由から、人は変化を容易には受け入れられない。このワークスタイル変革という変化を、どのように実践していくかという大きな課題が存在する。さらに、ワークスタイル変革とは、無意識の従来型行動を、望ましい行動に変えるということでもある。無意識に選択し行動してきた、今までのワークスタイルを、今後の環境に適応するための望ましいワークスタイルに変えていかなければならない。変化への抵抗と、無意識の行動の変化、という二重の課題を背負って実現していかないとならないのだ。

変化への抵抗については後程述べるとして、まずは無意識の行動変革について述べていく。

例えば、残業無制限、土日出社もあり、24時間、365日働いていた状態から、各社で定めた望ましい働き方に変革していくとする。従来は無意識のうちに、20時に出前を取り、そこからまた一仕事。これらを何も考えずに、むしろ当たり前のようにしていたことと思う。私もバブルの時期にリクルートに入社したので、平気で夜の10時から会議、なんてことをしていた経験がある。

まずは、この無意識のうちに実践していた行動に気づいてもらうことが必要である。今の情勢を踏まえて、このような働き方では、採用もできな

いし、採用したとしてもすぐ離職、さらにはメンタルを病んでしまう、そのようなリスクがある。もっと言えば、最も重要な経営資源である「人」がき損することで、企業自体の存続も危ぶまれる。そのようなアプローチで、従来の無意識行動は、このご時世変えなければならないのだ、そのように気づいてもらうことから始める。

　まずは、**無意識の従来型行動に気づいてもらう。その上で、どのような望ましい行動に変えていかなければならないかを示す。そして、その行動を継続してもらい、習慣化してもらい、それが無意識の行動に定着していく。**このような息の長い取り組みが、ベースとしては必要となる。

図17　無意識の行動を定着させる流れ

1	問題の自覚	無意識のうちに、従来型行動をしていることの自覚
2	行動の変化	望ましい行動を意識的に実践、継続
3	継続・習慣化	無意識での望ましい行動

　上図のような流れである。この流れにおいては、社員の意識変革が重要となるのだが、意識を変えていく、意識から変えていくのは至難の業である。なので、まずは形から入ることになる。

　例えば、20時になったら空調から何から全館一斉に消灯する。そうなれば、19時から会議を始めていては、途中で消灯されてしまう。遅くとも18時には会議を始めるとか、少しずつ意識しだす。

　あるいは、会議は最長1時間まで、というルールがあれば、40分過ぎたあたりから、そろそろ終結に意識が向いてくる。このようなルール、形から入ることで、じわじわと意識を変えていく。そのようなやり方が効果的だと言われている。多少、混乱や反発があろうとも、まずは形から入り、

望ましい行動の意識づけを行っていくことである。

「2：6：2の原則」という真実

ワークプレイス変革は、当然ながら、自社で働く全メンバーに実行してもらうべき課題である。しかし、組織ゆえに様々な人が存在する。

また、「2：6：2」の原則という、あらがえない原則が存在する。

図18 「2：6：2の原則」

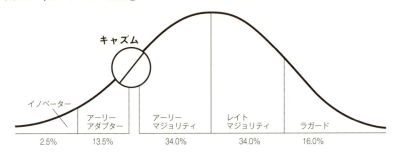

この図を見たことがある人も多いと思う。マーケティングの世界では有名な図である。いわゆる「正規分布」。

次ページの図はワークスタイル変革の文脈で用語を説明したものだ。

第3章 現場をよみがえらせる戦略総務の仕事術

図19 ワークスタイル変革の文脈で「2：6：2の原則」を考える

イノベーター	すでにワークスタイル変革を自ら実践している人
アーリーアダプター	ワークスタイル変革を指示されると、すぐに変革を実践する人
マジョリティ	ワークスタイル変革に対して最初は様子見、変化がトレンドになると動く人
ラガード	ワークスタイル変革のみならず、何を言っても、やっても反対する人
キャズム	変化に適応しやすい人と、組織全体の変化との「溝」

　一般的にマジョリティがこのキャズムを飛び越え、変化することが大勢とならないと、変化は頓挫すると言われている。この図18に従って、ワークスタイル変革の課題を述べてみる。

　先に記したように、当然ながら全社員にワークスタイル変革は実践してほしいところだが、そうは問屋が卸さない。結論から言うと、上位2割（イノベーターとアーリーアダプター）の事例を作り、あるいは見つけ、真ん中の6割（マジョリティ）にその事例を見せて、キャズムを飛び越えさせる。ラガードは対象としない、という戦略である。

　全米で最も優秀な教育者と言われた方の書籍にも同様のことが記されていた。この方は、学校改革のために、最初はラガードをターゲットに、一生懸命に変革させようと努力した。しかし、労多く効果がほとんど表れなかったそうだ。

　そこで、そのラガードを対象とした戦略をやめ、上位2割がさらに伸びるような施策を打ったところ、真ん中の6割がそれに感化され、その2割を目指し成長したというのだ。

　ワークスタイル変革も同様に、**この上位2割を伸ばし、さらにその情報を6割に届け**（実態は、全社に告知して、真ん中の6割が意識するということ。下位の2割は情報に触れても、何の行動も起こさない、ということ）、**6割の心に変化を**

147

起こし、キャズムを飛び越えさせ（変化への抵抗をなくし）、**上位2割同様に
ワークスタイル変革を実践してもらうのだ。**

　真ん中の6割は様子見であり、心の中では、やった方がいい行動、とは
思っていつつも、やらなければならない行動、という意識までには至って
いない。この真ん中の6割の意識を、良い意味で、揺さぶり、ぐらつかせ
て、やらなければならないのだ、という意識に持って行く。

　そのために大事なのは、自社の事業にとっての必要性と関連性の明示で
あり、それを上位2割という事例、事実によって語ることである。人は、
自分との関連性の中で理解し、認識する。他社の事例を見せたところで、
それは他社であり、「で？」という意識になりがちである。その「で？」に
応えるためにも、自社の事例が効果的であり、その事例が自社の事業や組
織にどのように好影響を与えるか、その接続をしっかりと見せることが大
事である。

　6割に対しての情報発信、その中身は、以下の通りである。

①**ワークスタイル変革の必要性とその背景**
②**従来のワークスタイルを維持し続けた場合の悲観的な将来像（ネガ
　ティブインパクト）**
③**ワークスタイル変革を実現した場合の望ましい将来像（ポジティブイ
　ンパクト）**
④**結果、ワークスタイル変革を実現した場合の、自社と個人双方に
　とってのメリット**

　最初に、経済社会情勢などの環境変化を示し、法的にも、政府の政策と
しても、ワークスタイル変革の実現が必要不可欠となっていることを解説
する。特に、自社の環境適応の必要性を示して、自分と関係することだと
いう接続は必須である。一般論では当事者意識を持ちにくいので、個別、
自社にとっての必要性を訴えかける。

　そして、従来型のワークスタイルのままでは、採用が困難となり、離職
率が高まるなど、全て含めた事業継続の観点から想定される様々なリスク

を指し示す。いわゆる、ネガティブインパクトである。このままだと将来が危ういという危機感の醸成である。

次に、ワークスタイル変革を実践することで成果を出している社員を紹介し、これが全社的な動きとなれば、飛躍の可能性があるという、変革後のバラ色の世界を指し示す。ポジティブインパクトである。

ここで自社の事例が紹介できると、社員としての変革後のイメージが持てる。人はイメージできないと動けない。そして、この変革が実現すると、どのように自社に、組織に、そして個々人にメリットがあるのかを具体的なイメージを持って指し示す。このような流れで啓蒙、推進活動をしていくのである。

上記のような必要性と未来像をトップが示し、その後も情報発信を続けていく。その際の情報発信は、社内報などの、社内の公式メディアの担当部門との連動が不可欠である。コンテンツは、先に解説した上位2割の好事例である。

好事例の発信は、社内報において、人物紹介的な事例紹介として掲載するのだが、その前に好事例の収集をしなければならない。この好事例は、自ら探すか、自らの人的ネットワークから教えてもらうなどの工夫が求められる。待っていてもこの手の情報は入ってこない。ゆえに積極的に情報を取りに行く努力がどうしても必要となる。

そして好事例の紹介。社内報などの社内の公式メディアで紹介することは、会社のお墨付きを得た、推奨事例としての性格を持つので、社内報での紹介が望ましい。また、社内報の発行サイクルにもよるが、掲載できたとしても年間に数人。しかし、その一部における変化であっても、社内報で大々的に紹介することで、「多くの部署で変化が起きている」という認識になるものだ。ワークスタイル変革の推進活動への抵抗感を和らげ、意味・意義の理解を促すことも可能である。

ワークスタイル変革を起すには、積極的に自ら変革しようと思う人もいれば、自らも変革しないと乗り遅れる、という消極的な変革もある。しかし、変わることには違いないので、ある意味、それも狙っての社内報での発信である。

事例を示してあげることで、やらなければならないのだが、どうしたらいいかわからないという人に対して、手本を示すことができ、それにより背中を押すことができる。

■ 一般化とストーリーテリング

この情報発信では、多少のテクニックが必要となる。少し上級編となるが紹介しよう。

上位2割の好事例を紹介すると言ったが、この上位2割は、その会社にとっては大変優秀な社員となる。場合によっては、社内のスーパースターとなるケースもある。このスーパースターをそのまま、スーパーな人で取り上げてしまうと、真ん中の6割の人は、「彼は彼、とてもまねできない。私は普通だし」という反応になる可能性が大いにある。

そこで、その人を紹介するのだが、普通の人であっても真似することができるエッセンスを紹介することが大事である。取り組み姿勢や取り組み方法、テクニックなどを一般化して紹介する、「誰でもできるでしょ」という内容に変換しないといけない。

なので、事例を取材する側としては、自らに置き換えて実現できる方法として紹介していくことが大事である。一般化の視点が必要である。

もう1つが、ストーリーテリングである。物語のように、起承転結があり、事実だけでなく感情も交え、ストーリーとして紹介していく。

ある脳科学者いわく、「人はストーリーになっていると理解しやすく、また記憶に残りやすい」。みなさんも「桃太郎」の話は、いつ聞いたのか記憶もないだろうが、今話してくれ、と言われたら話すことができると思う。これがストーリーの力である。最近はコマーシャルもストーリー性のあるものが多く、記憶に残っているものもあるはず。ストーリーの力を活用しているからである。

また、映画も当然ながらストーリーがあり、感情も入っている。主役が、苦労して課題を克服し、そして成功していく姿に聴衆は感動する。これは、自らに置き換え、ある意味で映画の中の主役に自らもなりきってしまうからである。ドラマには、当事者意識に人を引き込む力がある。スー

パーマンの映画を見ると、映画館から外に出ても、自らがスーパーマンになったような気になるのは、そのドラマの力である。

そのため、好事例の紹介も、その社員が取り組もうと思ったきっかけ、過程の苦労、そして今の気持ちや成果なども紹介していくと効果がある。

そして、結果として事業や組織、その社員のメリットを紹介して、自社の社員との接続を図る。

社内報での記事であれば、このようなストーリー仕立ての掲載は可能であるはずだ。社内広報担当者の協力を仰ぎ、ぜひこのような情報発信に挑戦してほしいものだ。

ワークスタイル変革の、「自社にとっての」必要性をしっかりと捉え、そのワークスタイル変革を効率性と創造性の2軸で考え、総務の具体的な施策と結び付ける。

そして、その施策を活用して、自らワークスタイル変革を実践している、上位2割の社員をお手本として、真ん中の6割の社員に向けて紹介し、変革の溝を飛び越えさせ、会社としてのワークスタイル変革を進めていく。1つのやり方として挑戦してみてはどうだろうか。

働く場の環境整備「オフィス戦略」

社員が輝く舞台を作る縁の下の力持ち

■ 社員が輝く、オフィスの仕掛け

総務の仕事は「縁の下の力持ち」と言われる。この言葉は好きではないという人も、この言葉がまさしく総務であると言う人もいる。

「縁の下」とは、そもそも何の下なのか。総務が支えているのは、現場の社員が仕事を通じて輝く舞台、働く場である。企業内において大変重要な部分を支えているのである。「総務が変われば、会社が変わる」とは、まさにこのことであり、総務が支えている舞台が変われば、働き方も大きく変わり、会社も大きく変わっていく。大変インパクトのある仕事を総務はしているのだ。

働き方改革を推進するには、この総務の役割が大変重要となってくるゆえんである。**働く場の変革なくして、働き方改革はあり得ない。**

では、どのようにして社員が輝く舞台へと変革していくのか。社員が最も輝く瞬間とは、本業に全力で取り組んでいる姿であり、総務としては、その本業に専念できる環境を作ってあげるべきなのである。先のワークスタイル変革のところで記したように、働く場、オフィスでの仕事の効率性と創造性を向上させていくことがそれに該当する（140ページを参照）。

それでは、この章は働く場における創造性の向上について詳しく見ていくことにする。

■ イノベーションが求められる理由

そもそも、なぜ創造性が必要とされるのであろうか。

理由として、価値観の多様化や商品のライフサイクルの短縮化があげられる。様々な顧客の要望に応える必要があるとともに、常に新しい商品・サービスを提供していかないと、移り気な顧客に飽きられてしまうし、何より企業間競争に負けてしまう。新たな商材、新たなサービスを常に生み

出し続けていかなければならない時代となっている。規模や質の大小はあるものの、イノベーションを生み出す力が企業には必要とされているのだ。

イノベーションとは、「ウィキペディア」によると、「物事の『新結合』『新機軸』『新しい切り口』『新しい捉え方』『新しい活用法』」のこと。一般には新しい技術の発明だと誤解されているが、それだけでなく、「新しいアイデアから社会的意義のある新たな価値を創造し、社会的に大きな変化をもたらす自発的な人・組織・社会の幅広い変革を意味する」となっている。新しい何かと捉えていいと思う。

しかし、全く新しいものでなくてもいい。既存のものの組み合わせでも、新しいモノとして世に出していくことができる。かつて、ロシアのある科学者が、人類が生み出した新技術について調べたところ、その9割が、既存の技術の組み合わせであったとしている。ということは、何もゼロから新しいことを生み出す必要はなく、いかに既存のモノを組み合わせるかが重要となってくる。「創造性は多様性から生まれる」という言葉はまさにこのことを示している。そこで、**オフィスにおける創造性の向上は、多様な知が触れ合う場を仕掛ける、というコトになってくるのだ。**

■ 知識創造理論「SECI」モデル

もう1つ、オフィスでのイノベーションを考える際の基本となるのが、ナレッジマネジメントのベースとなる著作『知識創造企業』の著者、野中郁次郎先生の知識創造理論「SECI」モデルである。暗黙知と言われる、言語で表現しにくい知識、ナレッジを、形式知、言語で表現された知識へと変換する姿を現したモデルである。

図20 知識創造理論「SECI」モデル

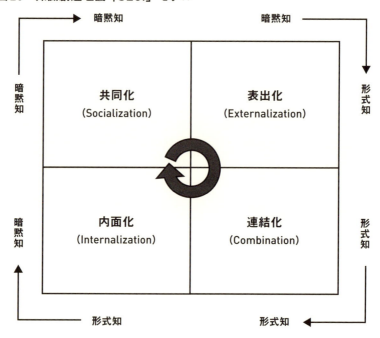

　個人の暗黙知を、対話を通じて形式知へと変換し、他の形式知とつなげ、新たな形式知へ結合していく。その新たな形式知は、実践を通じて個人の新たな暗黙知となり、その新たな暗黙知が対話を通じて形式知へと変換される。この繰り返しによって新たなナレッジが生まれ、進化していく。この循環をSECIモデルと言うのである。後程、オフィスに置き換えて説明していくが、オフィスでのイノベーション、新たなナレッジの創出にはこの考え方がベースとなっていることを知ってほしい。この理論をベースとすると、**人と人との相互作用の頻度を高めるオフィスを目指すことが求められ、それが世に言われるクリエイティブオフィスであり、知識創造活動を促すオフィスとなるのである。**

組織のセレンディピティ能力を高める

　新たなモノを生み出す創造とイノベーションは、異なるモノとの偶然の出会い、オフィス内での動きに置き換えれば、専門分野の異なる、つまりは部門の異なる者同士の出会いによって生まれる。

　普段出会わないメンバー同士、専門や部署が異なるメンバー同士の偶発的な出会いの場における何気ない「Face to Face」による会話の実現を目指すのだ。その何気ない会話の際のインスピレーションが、まさにイノベーションの芽なのである。

　誰もが知っている日本の大手メーカーの一流技術者5人の座談会に立ち会ったことがある。座談会のテーマは「イノベーションはどのようにして生まれるのか」。その5人が言ったことは全て同じ、「イノベーションは、異なる点と点が結び付き、線となった時に生ずる」。異なる専門分野の技術者が持っている個々の異なる技術が結合した時、イノベーションが生まれるのだ。

　ちなみに、異なる点を外に探す場合は、オープン・イノベーションと言う。となると、企業内の組織の内外に、多様な知識が存在し、その保有者との出会いが多いオフィスや、その多様な知識にアクセスしやすいオフィス、さらに、知識保有者同士の協業が起きやすい企業は、イノベーションが起きやすいということになる。

　一方、今は働き方改革として、テレワークが多くの企業で取り入れられている。本社オフィス、会社に来なくても働ける。つまりは、働き方の遠心力が働いている状態と言っていい。となると、一体本社の意味とは何なのか。単純な事務作業は、ICTを通じて行われるし、対面コミュニケーションもスカイプで行われる。オフィスの意味とは、その意義をどこに置けばいいのだろうか。

　ICTを通じてのコミュニケーションは意図されたコミュニケーションである。必要があってされるのであり、ICTを通じて偶発的なコミュニケーションはあり得ない。先ほどから記しているイノベーションに必要となる偶発的な出会い、偶発的なコミュニケーションはテレワークでは不可能で

ある（サテライトオフィスでの可能性はあるが）。つまり、これからの本社、オフィスとは、機能としての単なる本社ではなく、知識が創造され、共有される場としての本社であり、オフィスであると考えるべきである。なぜなら、偶発的な出会いは、社員が同じ場所でともに働いているときにのみ発生するからである。

「セレンディピティ」という言葉がある。「ウィキペディア」によると「serendipity」という言葉は、イギリスの政治家にして小説家であるホレス・ウォルポールが1754年に生み出した造語であり、彼が子どものときに読んだ『セレンディップの３人の王子（The Three Princes of Serendip)』という童話にちなんだものである（セレンディップとはセイロン島、現在のスリランカのことであるから、すなわち題名は「スリランカの３人の王子」という意味である）。その言葉の意味は、あるものを探す途中で、思ってもみなかった宝物に偶然出会うことである。あるモノを買おうと雑貨屋に入ったが、当初の予定ではない素晴らしい別のモノを見つけ買ってしまった、そんな意味合いである。

オフィスに例えて言うと、オフィス内に多様性が多いほど、想定外の偶然が発生する、想定外の出会いが発生して、イノベーションが生まれる可能性が高まる、ということにつながる。オフィス内の見通しが良く、人の歩き回りが多いと意図せぬ出会いが生まれることにつながる。目指すべきは、**偶然の接触を増やし、即興的な対話が数多く実現されるオフィスであり、このことにより、組織のセレンディピティ能力が高まるのである。**

■ SECIモデルが繰り返される場を作る

それでは具体的にイノベーションが生まれる状況をSECIモデルに則って見ていこう。

まずは暗黙知が出会う場、各個人が持っているナレッジの出会いの場が必要となる。それが154ページの図20左上の「共同化」というフェーズである。オフィスのイメージで言うと、オフィス内を歩いている際、知り合いとのなんとはなしの会話によってほしかったナレッジに出会うとか、コピーをしている際に、偶然横に他部門の同期がいて、気軽な会話によって

新事業のヒントを得たり、リフレッシュルームでコーヒーを飲んでいる際、先輩が近寄ってきて、仕事の悩みを相談したら良いヒントが見つかったり、といったことである。

つまり、共同化というフェーズは、多様な知に出会う場ということになる。偶発的にナレッジに出会うフェーズである。この場を数多く仕掛けるのだ。

次のフェーズ、「表出化」。ここは、暗黙知に出会い、それについて対話することで、形式知に変換するフェーズである。ほしかったナレッジ、会話により見えてきたヒントについて、リラックスした状態で、さらに突っ込んで対話を行う場である。

出会った場で、そのまま立ち話でもいいだろうが、気軽にミーティング、会話ができる場があれば、さらに話が盛り上がり、イノベーションの芽が生まれるフェーズである。そこで、直ちに会話したいという要望に応える場を仕掛けてあげるのだ。予約して3日後にそれについて会話するのでは、今芽生え始めたヒントが台なしになってしまう。すぐにミーティングが開ける場が大事なのである。

次の「連結化」。ここは、表出化により湧いてきた新たなナレッジを本格的に討議する場であり、あるいは、ある程度形になったものを集約して、誰もがそのナレッジに触れることのできるシステムを収納することである。

形式知化したナレッジを組織の財産として活用できる、誰でも閲覧できる状況を作り出すことである。このフェーズでは、最も創造的な場として、参加者自らが作り込める場を提供したり、ナレッジ・システムや企画書DBのようなシステムの構築が必要となる場である。多様なナレッジに触れることで、そこからまた触発される可能性を高めるのである。

最後の「内面化」。これは、自己実践の場である。組織の共有財産であるナレッジを個々人が活用することで、成果に結び付ける場である。そのナレッジをベースに、個人の持つナレッジを組み合わせ、新たな暗黙知、個人に特有なナレッジに進化させ、成果に結び付ける。その個人が最も創造的に働ける様々な種類の場を提供するのである。ここで組織のナレッジが

再び、新たなものとして進化していく。

そして、**その新たなナレッジ、まだ暗黙知ベースのものに、他のメンバーが気づき、触れることで、共同化のフェーズに入り、同様に表出化、連結化、そして他のメンバー内において内面化されていく。この繰り返しをスムーズに行える働く場の提供が必要となる。**

■ SECIモデルを現実のものとする場作り

このような流れで考えていくと、それぞれのフェーズに該当するオフィスは下図のようになる。

図21 「SECIモデル」に該当するオフィス

1 共同化：ナレッジに触れ合う場

（ア）通りすがりに会話をさせる仕掛け オフィスの見える化　内階段　部署の配置　フリーアドレス
（イ）偶然交じわる「場」の仕掛け マグネット・ポイント（あえて1ヵ所にまとめる）　置き菓子 お土産コーナー
（ウ）集めて交じわる「場」の仕掛け リフレッシュルーム　カフェスペース　五感の意識

2 表出化：ナレッジを対話する場

（ア）すぐに対話できる「場」の仕掛け ちょいミーティング・スペース

3 連結化：ナレッジで協働する場

（ア）自由に形作れる「場」の仕掛け 形態自在のミーティング・スペース

4 内面化：ナレッジを実践する場

（ア）自らのワークシーンに合致した「場」の仕掛け ソロワーク　集中スペース　コラボスペース

では、それぞれについて説明していく。まずは1「共同化：ナレッジに触れ合う場」から。

■（ア）通りすがりに会話をさせる仕掛け

❶オフィスの見える化

今多くのオフィスが一望できる、見晴らしの良いオフィスとなっている。間仕切りはなく、キャビネも1100センチくらいまで。視界を遮るものがなく、眺めが良い。これにより、誰がどこでどんな仕事をしているかがよく見える。

会議室も丸見え。仕切りがあったとしてもガラス張り、通称「金魚鉢」。ホワイトボードも外から見えるので、参加メンバーが誰で、何を討議しているかが一目瞭然。会社の動きもよくわかる。

ある会社では、メイン通路が執務ゾーンより一段高く、回廊のような作りになっている。それにより、さらにオフィス内の眺望が良く、お目当ての人の存在がすぐわかる。

人は、顔を見ることで思い出すこともあり、その当事者がそこにいればすぐにコミュニケーションすることができる。課題を持ちつつオフィスを歩けば、解決できそうな人を見つけることができる。逆に、働く姿を見られることで、適度な刺激を受け、モチベーションも向上、見る・見られる関係の増加が活性化につながるのである。

❷内階段

規模の大きい自社ビルでは、内階段を作るケースもある。内階段により、エレベーターを待つこともなく、気軽に上下階への移動を促す。

人は左右には動くが、上下にはなかなか動かない。その特性を少しでも緩和するように、気軽に移動できる仕掛けがこの内階段。

また、階段を利用し、偶然知り合いが交差すれば、そこで会話が生まれる可能性もある。会社によっては踊り場にミーティング・スペースを設けているところもある。交差して、そのまま会話をさせてしまおうという仕掛けである。

ある会社は、内階段ならぬ内エスカレーターがある。利用、交差する際の出会いの可能性を高めるのだ。内階段もガラス張りというところもある。階段を利用することで、上からオフィスを見渡せる。あるいは、執務室から誰が下りてくるかが見えれば、それをきっかけに声もかけやすくなる。費用はかかるが、**気軽な上下階への動きと出会いの可能性を高める仕掛けである。**

❸部署の配置

　部署の配置も工夫すると良い。ある会社では、営業部と開発部のコミュニケーションを増加させる目的から、出入口側に開発部を置き、執務室の奥に営業部を配置した。以前までは、外に出やすいようにと営業部を出入口付近に置いていた。

　結果、開発部のメンバーが営業と話をしたくても、すぐに外出してしまい、なかなかつかまらなかった。ところが逆に配置すると、外出する際、必ず開発部の横を通ることになり、声がかけやすくなった。固定席であるのなら、上手に配置することで、会話がしやすくなる仕掛けをすることが可能となる。

　部署の配置ではないが、机の配置がバラバラという会社も増えている。整然とした島型対向オフィスではなく、縦に並んだ机もあれば、横に並んでいたり、それが交互になっていたり。トイレに行くにも、オフィス内を練り歩かないとたどり着けない。執務空間と通路空間があいまいで、移動する際にいろいろな人の周りをめぐり歩くオフィスでは、結果、多くの社員との接点が増え、会話がされる可能性が高まる。

　ある企業の測定だと、縦横交互に机を配置することで、コミュニケーションの量が2倍になったとのこと。オフィス内の移動が増えれば、それだけ会話が増えるし、通路を通る回数が増えれば、それだけ人と人が衝突する、出会う可能性が増え、会話が増えるのだ。

　また、ある研究だと、コピーコーナー、カフェコーナーがメインの動線上にある場合は、会話の発生が2倍になったとのこと。**部署の配置もさることながら、共用機器、共用施設の配置も配慮したい。**

160

❹フリーアドレス

　今多くの企業で取り入れているフリーアドレス。執務室スペースの削減ともなり、またコミュニケーション活性化のために取り入れている。しかし、一方で失敗した話もよく耳にする。結局、席が固定したり、いつも同じ仲間で固まるなど、当初の目的が果たされないまま、ずるずると固定席化していくのだ。

　ある企業では、ダーツの仕組みを取り入れ、座る席を機械が決めているところもある。毎朝、出社すると、パソコンで自分の席が決められ、また、その席にいられる時間も制限がある。自由に席が決められない、また時間がきたら他の席に移らないといけない。確かに手間ではあるものの、完全にフリーアドレスが保たれる。

　また、ある企業では、グループアドレスとなっている。これは、部署単位でグループとなっていて、そのグループ内、例えば6人であれば、その6人は自由に席を、そのグループ内では決められるのだが、グループの塊としては、場所を特定されるのである。営業部、開発部、管理部があったとしたら、その3つの塊が、塊として場所を移動する。今日は窓際に営業部、明日は開発部。その塊の場所が決まれば、その塊内では6人が自由に場所を選ぶことができるのである。さらに、このグループごとの塊も、総務部あたりがコントロールするのだ。

　フリーアドレスは、一方で新入社員や中途社員には酷な制度である。横に座った社員が誰だかわからない。なので、社内メディア、社内報などで、人物紹介や部署紹介などをして、顔と名前が一致するような土壌を作ってあげておかないと会話しようがない。**オフィスと社内メディアの連動も心がける必要がある。**

━ （イ）偶然交じわる「場」の仕掛け

❶マグネット・ポイント（あえて1ヵ所にまとめる）

　不便なオフィスが増えている。コピーをしに行こうとしたら、ある特定の場所に行かないとコピー機がない。ゴミを捨てようにも、自らの席の周りにゴミ箱がない。文房具は、自ら保有することはできず、ある場所に借

りに行き、使い終わったら戻さないといけない。そんな、何かをしようと思ったら、オフィス内を歩き回らないといけないオフィスが増えている。

狙いはあえて1ヵ所に集めることで、そこに社員を集めようとしているのである。人が集まる様子が、磁力で鉄が集められるようなので「マグネット・ポイント」というのだ。結果、様々な社員が使うことにより、多くの偶発的な出会いが生まれる。

さらにそのマグネット・ポイントで会話のネタを提供する仕掛けもある。コピー機の前にデジタルサイネージを設置したり、ゴミ箱の集約スペースの前に掲示版を設置したり、その場所に滞在した瞬間にいろいろな情報を提供し、インプットしてもらうとともに、その内容をきっかけとして、その場に居合わせた人との間の会話を盛り上げる仕掛けである。**滞在時間が長くなればなるほど、さらに出会いの可能性も増え、また、会話の可能性も増えるからである。**

❷置き菓子、お土産コーナー

お菓子にも磁力がある。あるいは、出張で買ったお土産などをまとめて置いておく。ちょっと小腹がすいた時に立ち寄るコーナーを作る会社もある。その場で選んでいる時に、偶然の出会いがあり、お菓子やお土産をネタに会話が始まる。**お菓子をつまんでいる時は、かなりリラックスした状態であり、気軽な話の中からヒントを見つけやすくなるかもしれない。**

ある会社では夏場に「チューチュー」を常備した。2つに分けて吸い込むシャーベットである。これを2本とも同一人物が食べることはほぼなく、かならず誰かに分け与える。結果、その際に会話が生まれるし、食べ終わらないと次の行動に移れない。食べ終わるまで会話が続き、コミュニケーションの活性化につながったとのことだ。

━ （ウ）集めて交じわる「場」の仕掛け

❶リフレッシュルーム、カフェスペース

多くの企業で設置されているリフレッシュルーム、あるいはカフェスペース。仕事の合間に、息抜きをするために、自販機やコーヒーサーバー

などが設置されているスペースである。ここは、その目的のために多くの社員が利用する場である。偶発的な出会いもさることながら、連れ立ってコーヒーを飲むケースも多い。そのような意図を持った社員を集め、交わる場として存在する。

ここでのポイントはいかに滞在時間を長くするかである。これもいろいろな出会いの可能性、会話が生まれる可能性を高めたいからである。なので、お土産、お茶菓子、新聞雑誌が置いてあったり、デジタルサイネージでいろいろな情報を流し、その場に引き付けるのだ。

リフレッシュルームは、独立した個別の居室にあるより、オフィス内に併設した方が利用される。さらに、出入り口のそばや窓辺などの人が集まりやすくリラックスできるロケーションに確保すると利用率も高まる。

❷五感の意識

リフレッシュルームをさらに居心地の良いものにするために、香り、音、色など、人の五感に作用する仕掛けも増えている。香りでは、アロマを焚いたり、ハイレゾの自然音をかすかに流したり、観葉植物を置き、視界にグリーンが入る状態にするなど。人の心地良さが増加する取り組みが増えている。

言うなれば、オフィスのリビング化。あたかも家のリビングルームにいるかのように、リラックスできる空間をリフレッシュルームには施したい。

次は、2「表出化：ナレッジを対話する場」について触れる。

━━ （ア）すぐに対話できる「場」の仕掛け

❶ちょいミーティング・スペース

先に記したように、偶発的な出会いがあり、会話を通じて良いアイデアが思いついた。そのことについてそのまま話したくても、軽くミーティングをする場がなく、「では今度」となってしまったら、せっかくのアイデアも日の目を見なくなってしまうかもしれない。そこで、思い立ったら吉日

ではないが、すぐにその会話の続きができる場があれば、さらに進化した何かが生み出されるかもしれない。

スピード勝負の現在、スピード感を持って取り組む場として、「ちょいミーティング・スペース」がある。よく見る光景は、メイン通路に沿って、所狭しと並ぶ小さなミーティング・スペース。最大4人掛け、場合によっては2人でも一杯となるミーティング・スペースが連なっている。企業によっては、全ての場にモニターかあり、ノートパソコンを接続して、すぐに会議ができる仕様となっている。もちろん予約は必要なし。すぐに誰もが使える場として用意してある。スタンディング会議ができるように、昇降機能付きのテーブルを並べているところもある。とにかくカジュアルに、すぐに使えるミーティング・スペースなのだ。**アイデアを死蔵させず、表に出す仕掛けとして多くの企業で設置されている。**

続いて、3「連結化：ナレッジで協働する場」について説明する。

■ （ア）自由に形作れる「場」の仕掛け

❶形態自在のミーティング・スペース

協働するために、真剣な討議の場も必要となる。先述した、ちょいミーティング・スペースよりさらに突っ込んだ議論、大人数で議論をする場である。

工夫としては、作り付けのレイアウトが変更できない会議室ではなくて、自らが自在にレイアウトを変更することができる会議室である。通常の長テーブルだけではなく、少し変形した形状のテーブルを用意し、利用者が使いたいようにレイアウトする。討議の内容に合った、自らが最も創造的になれる形態に加工できる会議室である。

ある研究によると、作り付けのレイアウトよりも、**自らレイアウトした会議室での会議の方が、より創造性が高まったという。**コストとスペースの問題もあるが、そのような会議室も考えてみたい。

最後は、4「内面化：ナレッジを実践する場」である。

■ （ア）自らのワークシーンに合致した「場」の仕掛け

❶ソロワーク、集中スペース、コラボスペース

1日のうち、単純な作業での仕事、集中して企画書を作りたい時、プロジェクトを進めるために他メンバーとコラボする仕事など、様々な仕事が存在する。それぞれのワークシーンに最も適したワークプレイスが存在すれば、仕事の効率も高まる。

単純作業、声をかけられてもよい仕事をする、ソロワーク。電話も声がけもされたくない時のための集中ブース。複数人での仕事が可能なコラボスペース。**画一的な執務スペースをレイアウトするのではなく、ワークシーンに適したワークプレイスを、それも数多く提供すれば、ナレッジの内面化も進むはずである。**

■ メディア、オフィス、イベントのクロス戦略

最後に、オフィスと社内メディア、社内イベントとの連動、クロス戦略について記す。

コミュニケーション戦略のところで記したように、コミュニケーション活性化施策として、社内報などの社内メディアと、今回のオフィス、そして社内イベントがある。これらは単独で運用するのはもちろんのこと、**さらにその効果を上げるために、連動させることも考えるべきである。**

まずは、「オフィス×社内メディア」での戦略。この場合の社内メディアは、掲示板や壁新聞、デジタルサイネージであり、これをどこに設置するかというものである。社内メディアの中身については、社内広報部門が司るが、その設置場所は総務管轄であることも多いと思う。先に記したように、人が集まるマグネット・スペースであったり、リフレッシュ・スペースが適している。集まることで閲覧される可能性も高まるし、偶発的な出会いで集まった複数人によって同時に閲覧されることにより、その内容が会話のネタにつながり、さらに会話が盛り上がるということも考えられる。

また、このような社内メディアは、手持無沙汰になる瞬間を狙うといい。

つまり、出勤時多くの人が整列するエレベーターホール。社員食堂では、飲食スペースではなく、券売機の横。ただ列に並んでいる状態を狙って掲示、設置するのだ。

　このように、総務としては、社内広報部門と連動して、社内メディアの掲示、設置場所を効果の高いところに置き、社内広報部門の狙いである情報共有、総務としての狙い、コミュニケーション活性化、この2つの効果を高めていくように連動すべきである。

　続いて、「オフィス×社内イベント」での戦略。この場合の社内イベントは、勉強会や会議などの、社内イベントであり、どのような内容のものが行われ、その効果を高める「場」のしつらえを考えることである。

　長机が無機質的に置いてある会議室ではなく、コロシアム風の会議スペースに仕立て、会議自体も盛り上がる仕掛けにするとか、スペースが限られているが大人数を収容したいのであれば、テーブル付きの椅子を数多くそろえるとか、社内イベントが効率良く、またその目的に合致したスペース、場作り、器具をそろえる。

　社内イベントの運営部署は多岐にわたるので、いろいろとヒアリングをして、適した場を用意したい。

　最後は、「社内メディア×社内イベント」での戦略。これは総務が直接絡むかどうかわからないが、社内イベントの盛り上がりを一過性で終わらせず、社内メディアで掲載することで、イベントの効果の継続を狙うものである。

　それは、社内報でイベント内容を取り上げる、動画をデジタルサイネージで掲載するなどして、イベント時の臨場感を喚起させる、あるいは会話のネタとして提供するのである。

　以上、イノベーションが生まれる可能性を高める創造的なオフィスについて記してきた。

　この仕事は、総務以外が行うことはなく、まさに総務のメインストリームである。先に記したように現場社員のワークプレイス、社員の輝く場を仕掛けることで、会社が大きく変わってくるはずである。縁の下の力持

ち、この言葉で始まったこの章。縁の下の力持ち、その影響力の大きさが
理解できたことであろう。

個を把握し、個に寄り添う
「健康経営戦略」

上から押し付けるのではなく、着火し自走させる

多様な施策と多様な仕掛けで進める

多くの企業が取り組み始めている健康経営。

誤解してはならないことは、働き方改革と同様に、健康経営は手段であって目的ではないことである。健康を目指して経営するのではない。結果、健康の方が、仕事の効率も上がるし、創造性も高まる。何より、大事な社員が健康を維持して、充実した生活を送ることができる。

健康の方が仕事の成果が上がる、ワーク・ライフ・バランスの実現が図られることに、働く人、個々人に気づいてもらう取り組みが、健康経営の本質なのだ。そして、個々人が健康維持への取り組みに対して「自走」し始めることが大事なのだ。

大きな病気をした人であれば、健康の大事さを身に染みて意識するものである。しばらくは、健康を意識した生活を送ることだろう。一方、そこそこ健康な人に、健康を意識してもらうことは至難の業。健康を害するまで、特段不都合がなければ、今の生活スタイル、仕事のスタイルを維持するだろう。健康を意識することなどほとんどないはずだ。

また、健康経営として、上から指示してやらされ感を持ちながらの健康推進、健康維持では長続きすることはない。自ら健康の大事さに気づき、自らが進んで動き出す。そのための支援をしていくことが重要なのだ。

さらに、健康状態は個々人それぞれ状態が異なる。一律の支援施策では、対応しきれないし、自走するきっかけとなり得ないケースもある。よって、個々の状況をしっかりと把握し、それぞれのケースにあった施策を、いろいろと提供していくことがポイントになる。

あの手この手で、どこかで着火させる。そのようなイメージだ。個々に寄り添い、個々に合った施策を、まさにダイバーシティ的観点で提供していくことが望ましいだろう。**多様な施策、多様な仕掛けで自走させるの**

だ。

　健康経営での対策には2つの観点がある。生活習慣の改善の取り組みと働き方、職場環境の改善や仕掛けである。つまり、個々人の生活の場での改善と、働く場での改善、この2つを考えていくことが必要となる。

　以上のことを念頭に置きながら、以下の説明を自らの会社に置き換え、考えていってほしい。

■ そもそも健康経営とは？

　では、そもそも、健康経営とは一般的にどのように定義されているのだろうか。そこから見ていこう。

　健康経営とは、特定非営利活動法人健康経営研究会が提唱しており、商標登録もされている考え方。経営者が従業員とコミュニケーションを密に図り、従業員の健康に配慮した企業を戦略的に創造することによって、組織の健康と健全な経営を維持していくことである。

　健康経営研究会による、健康経営の定義は以下の通り。

> 健康経営とは、「企業が従業員の健康に配慮することによって、経営面においても大きな成果が期待できる」との基盤に立って、健康管理を経営的視点から考え、戦略的に実践することを意味しています。従業員の健康管理・健康づくりの推進は、単に医療費という経費の節減のみならず、生産性の向上、従業員の創造性の向上、企業イメージの向上等の効果が得られ、かつ、企業におけるリスクマネジメントとしても重要です。従業員の健康管理者は経営者であり、その指導力の元、健康管理を組織戦略に則って展開することがこれからの企業経営にとってますます重要になっていくものと考えられます。

　ここで言われていることは、健康経営は、健康管理費用を節減して、経営管理していく単なるコスト削減ではないということ。それにより、従業員の生産性、創造性が向上し、企業イメージも向上するものと捉えている。また、個々の施策も大事だが、経営的視点で戦略的に捉えることの重要

性も謳っている。総務部や人事部といった一部門で戦術的に行うものではなく、経営戦略として、経営の根幹に据えて考えるべきものだと記してある。経営トップのコミットメントが必要であるということだ。**健康経営を進めることで、個々人の健康はもとより、組織の健康、健全度も高まることが期待される。**

━━ 人口減少時代の中での健康経営の必要性

　この健康経営、なぜ注目されてきたのか、その背景を見てみよう。

　皆さんもご承知の通り、日本の人口が減少している。生産年齢人口、働き手の減少は、1990年代後半から始まっている。ここ数年叫ばれている働き方改革、それが始まる20年前から減少は始まっているのだ。

　かのドラッカーは1998年時点で、「先進国の課題は高齢化ではない、少子化である」、このように喝破している。この流れは加速度を付けて進んでいくので、企業による働き手の確保はさらに難しくなっていく時代となっている。その少ない働き手に、まずは自社が選んでもらえるかどうか、応募してもらえるかどうかが問題となる。そのためには、従業員の健康を配慮した企業であるという企業イメージがないと、人材確保では苦境に立たされてしまう。

　入社してもらったとしても、健康を害して退社しては、その採用の苦労も台なしとなるし、退社した社員にとっても、企業にとっても大変不幸なことになる。入社してくれたのであれば、長期間にわたり貢献してもらうことが企業にとって必要であるし、社員にとっても幸せな状況である。

　仕事の向き・不向きはあるかもしれない。他の理由によって退社するケースもあるかもしれない。ただ、健康に配慮してあげることにより、心身ともに健康を害することがないような取り組みはできるはずである。**働き手が減少している時代においては、採用数の確保、定着率の向上という観点で、ますます健康への配慮が重要となってきているのだ。**

　少子化という課題が最大のインパクトを持つ中、とはいっても社員の平均年齢の高齢化という問題も存在する。

　日本では、2人に1人が癌に罹患するという事実がある。高齢化すれば、

疾患のリスクも高まる。その罹患のリスクを低減させる意味でも、健康には意識してもらいたいものである。生活習慣病の改善は、若い層から意識してもらう取り組みが必要となってきているのだ。

その生活習慣病の増加については、働き方と大いに関係している。長時間残業により、食習慣が乱れ、結果的に社員の入院や病欠によって業務効率が低下することもある。自らの私生活での生活習慣を改善するにも、1日のほとんどを過ごす働く場での影響を無視することはできない。

平日であれば、朝食から昼食、夕食まで、その取り方が働き方に影響されてくる。企業が提供する社員食堂、飲み物にも大きく影響される。なので、働き方の改善なくしては、会社提供の飲食物の改善なくしては、生活習慣も改善できないだろう。

細かく見ていくと、職種によっても、健康状態が異なる。総務や人事といった事務系の仕事は、1日中デスクワークをしていることが多いので、基礎代謝率は低く、カロリー高めの食事を続けると、メタボの可能性が高まる。業務の繁閑やストレスのかかる仕事に就いている場合は、よく眠れないこともあるかもしれない。

お客様相手の職種、営業や接客、システム関係の職種だと、先方都合による働き方、その結果、食事時間が不規則になりがちである。血糖値が高くなり、メタボや糖尿病のリスクが高まってしまう。

同様に夜勤がある職種も不規則な仕事による健康不全の可能性がある。体を動かす仕事、工場勤務、現場勤務だと、がっつり系の食事を好み、結果、肥満や高血圧のリスクが高まる。

このように、どのような職場環境でどのような働き方をするかで、健康に対する影響も異なってくる。この違いも認識しながら、会社の対応を考えていきたいものである。

■ プレゼンティズムという大きな課題

「プレゼンティズム」と「アブセンティズム」という問題もある。

アブセンティズムというのは、社員の欠勤による生産性の低下。来るべき人が来ないのであれば、仕事が回らないのは自明の理である。一方、プ

レゼンティズムといのは、出社はしているのだが、本来のパフォーマンスが出ていないことによる生産性の低下。一見すると普通に仕事をしているのだが、実は花粉症がひどく、しょっちゅう鼻をかみにいく、あるいは腰痛や首の不具合で、集中力が高まらない、結果としてミスが頻発する。

さらには、軽度のうつや情緒不安定で、本来のパフォーマンスが出ない。このような状況では効率も創造性も高まることはない。会社として、空気清浄器を設置する、腰痛や首の不具合に効くストレッチ教室を開く、関係する情報を提供するなどして、個々の社員に対して支援することができるだろう。

一方、メンタル不全者の増加している現在においては、社員の休業による生産性の低下は大きな課題となっている。健康経営の意味合いは、体の健康のみならず、心の健康にも対処すべきであり、セルフケア、ラインケア、企業で取るべき予防策については最大限実施したいところである。

■ 定期健康診断で状況把握

それでは、戦略総務としての健康経営の進め方を考えていこう。

とにもかくにも、まずは自社を知る、健康上の課題の洗い出しから始める。労働安全衛生法で義務付けられている年1回の定期健診は必ず受診してもらうことから始める。しかし、なかなか受診率が100%に届かない企業もあることだろう。

そのためには、例えば人事担当役員や上長からの受信勧奨が必要かもしれない。あるいは、産業医から受診を促すケースもある。所属長から言われるよりも、本人の健康を気遣いながら産業医から言ってもらった方が効くケースもあるのだ。

部署や事業所ごとに受診率を公開し、競い合っているケースもある。キャンペーン的に行うと、営業会社だと、社風にマッチして効果があるかもしれない。受診率を高めるには、ぜひ社風との親和性を見ながら仕掛けをしていくといいだろう。

また、健診と合わせて、健康情報を提供することも効果がある。健診を受ければ、当然結果が気になるもの。数値が高ければ、どのように改善し

たらいいか、少しは考えるはずである。

その結果が出る頃を見計らって、職種別、あるいは30、40、50代の年代別に生活習慣指導を行ったり、情報提供したりするのだ。何もないときに健康教育をしても、見向きもしないが、自らの状態が判明している、いろいろと知りたがっているこの時期を狙い、気づきを与える仕掛けをしたいものである。

あるいは、毎年定期健康診断の受診時期後を「健康生活月間」とし、各自が目標を決め、生活習慣の改善に取り組むように仕掛けたり、**とにかく鉄は熱いうちに打て作戦として、健診時期に仕掛けていくと、先に記した自走への着火を期待することができる。**

定期健康診断は、プライベートも含めた生活習慣病への対応、生活習慣の改善のためのきっかけとなるので、大いに活用するようにしよう。

一方、受診はしたものの、有所見者への対応をしていないケースも見られる。「受診さえしてもらえれば、それでOK」ということで、対応しないケース。しかし、受診が目的ではなく、悪いところがあればその対応をすることが目的なので、有所見者は徹底的に最後までフォローすべきである。

有所見者の診断結果に「イエローペーパー」を同封してフォローしているケースもある。ある企業は、産業医が最後までフォローしている。早期発見・早期治療のための健康診断なので、ここはぜひ徹底したい。

この定期健康診断は、プライベートも含めた生活習慣の現状把握。それ以外に、仕事を通じての健康状態の把握もしたいところ。現在の仕事を通じて現れる健康不全を、運動不足について、食事の内容や取る時間、睡眠の量と質、メンタルの状況についてヒアリングしていく。

様々な職種にわたりヒアリングしていけば、だんだんと傾向が見えてくる。その傾向を整理して、全社アンケートを取ってみてはどうだろうか。長時間座ったままの仕事が多ければ、腰痛、肩こり、眼精疲労の症状を多くの人が抱えているはずだ。働き方により、職種により不健康状態になっていることを把握することで、その次の打ち手が見えてくるはずである。

健康経営における総務の役割

　定期健診と働き方のヒアリングによって見えてきた問題点を、総務や人事、健康経営施策に携わる部門間で共有し、全社の取り組みとしていく。働き方が絡んでくるので、健診の管轄である人事だけでなく、働く場の管轄である総務とも一緒になって共有していく。

　健康経営の取り組みが多くの部署にわたる理由は、その取り組む範囲にある。健診の受診は最低限必要なことだが、それ以外にワーク・ライフ・バランスという視点が必要になる。適度な仕事と充実したプライベートにより、心身ともに充実した生活が送ることができる。そして、その前提としての時短がどうしても絡んでくる。そうなると、働き方改革が関係し、生産性の向上の必要性が出てくる。こうなると、制度とともにオフィスというハード部分の改善も必要となってくる。

　140ページで説明した効率性と創造性の向上の仕掛けが必要となり、総務の出番が回ってくるわけだ。お気づきかと思うが、健康経営と働き方改革は密接に結びついているということになる。繰り返すが、**1日のほとんどの時間を過ごすオフィスでの仕事が健康には大きく影響を及ぼすのである。**

　職場環境整備は、オフィスのレイアウトのみならず、先に記したプレゼンティズムにも関係する。空気清浄器を導入したり、アレルギーを持っている人への対応もその1つである。

　その他、大切な要素として、上司と部下とのコミュニケーションがある。プレゼンティズムもさることながら、アブセンティズム、欠勤のリスクは、前兆があるものだ。事故や突然の怪我は仕方ないものの、メンタル不全であるとか、プレゼンティズムにつながる健康不全は、徐々にはじまるものも多いはず。であれば、その軽微な時に上司と相談し対策が取れれば、欠勤という最悪の事態も防げるかもしれない。

　つまり、日頃からなんでも相談できる間柄であれば、いきなり「もうだめです。休ませてください」とはならない可能性が高まる。これは介護離職の問題にも通じるが、日頃から何でも相談できる関係性のための、部門

内のコミュニケーション活性化が大変重要となってくる。これは、部門内での飲み会の補助であったり、何らかの形で同一部門内でのコミュニケーションが活性化される仕掛けを総務や人事が行うべきであろう。

■ 経営トップによる健康宣言の発信

全社での取り組みを始める前に必要なのが、経営トップのコミットメント。健康経営では、「健康宣言」と言われるものの発信である。つまり、経営トップの社内外への宣言である。

「社員の健康を重要な経営資源と考え、企業として健康増進の取り組みを推進する」、そのような宣言をしてもらうのだ。社外への発信がポイントである。**会社の本気度を示すには社内だけではインパクトが少なく、HP上に掲載するなどの社外への発信が大事となる。**

このような宣言がされる、経営者の健康への意識が高い企業では、社員の健康への意識も高く、逆に経営者の意識が低い企業では、社員の意識も低いことが調査結果にも表れている。結果、経営者が社員の健康に関して意識が十分高い企業は、健康関連の情報を社員とともに共有し、社員の生産性の向上に役立っていると言える。

しかし、すぐに経営者が賛同してくれるか、という問題もある。全社課題として、総務や人事といった管轄部門が意思統一を図ったら、次にトップへのプレゼンが必要となるだろう。トップへの情報提供としては、以下のものが考えられる。

まずは、自社の現状として、健康診断の結果や、先に記したアンケート結果をまとめた社員の健康状態である。その他、社員の健康に対する意識調査もあるかもしれない。健康な人は生産性が高まる、そのように多くの社員が考えているのであれば、経営者も取り組まざるを得ないだろう。

生産性が高まり、売り上げが上がり、利益も拡大するというのは、経営者として最も望ましい状況だからだ。休職者・退職者の発生状況とその理由も整理したいところ。健康を害して退職している人数が多ければ、危機感を感じるだろう。

以上、自社の状況を説明しつつ、他社の健康管理体制、具体的な施策、

事例比較なども説明する。他社と比較した際、それが採用数に影響したり、ブランドイメージに影響するようであれば、取り組まざるを得ないことになる。他社事例を通じて、健康経営の期待される効果も理解してもらうようにしたい。健康経営を実践することでの、生産性・業務効率の向上、企業イメージの向上、医療費の抑制、そして従業員満足度の向上など、その効果を示していく。その前提で、経営トップによる健康宣言をしてもらうことになるわけだ。

■ 社風や文化に合った継続される施策

そして、具体的な施策の実施となる。

大事なのは、継続することであり、そのためには社風や文化に合った施策を行うことである。 そして、上から、管轄部門から、プロジェクトから押し付けるのではなく、多くの施策を提供し、自らが選べる状態を作ることである。冒頭で記したように、健康状態は個々人異なるので、どれが自走への着火点となるかわからないからである。

健康増進する場合、自らのライフスタイルを変えることにつながる場合もあり、人は変化を好まないので、上からの変化の強制はやめた方がいいだろう。あくまでも、「自らが選択した」というスタイルが好ましい健康経営の施策である。なので、今の生活の延長線上でできることから始めると入りやすいだろう。飲み物を少し変えてみる、ご飯の量を少し減らしてみる、大きな変化ではなく、ちょっとした変化から入れるようにしたいものだ。

■ 様々な健康経営への取り組み

まずは、健康を意識してもらう情報発信がある。

掲示板を活用して、座りっぱなしは健康に良くないとか、健康になる歩き方、飲み物の取り方や選び方、そのような簡単に取り組めるような内容を掲載するとか、イントラネットに「健康レター」を配信する、社長による「食」の情報提供をしているところもある。

先の健康宣言とリンクした形で進めていくと、会社の本気度をさらに認

知してもらえるだろう。この情報発信は継続がなにより大事である。いきなり健康への意識が高まることは期待できないが、その後のいろいろな取り組みを実行していく、納得感のためにも継続発信が大事になるのだ。

　もっと積極的な情報発信としては、社員に適切な睡眠や食事などをアドバイスする健康セミナーの開催や、生活習慣病が気になり始める35歳に向けた「ヘルスアップセミナー」、女性向けのヨガ体験などの健康増進プログラム、睡眠改善プログラムの実施などがある。様々な階層、職種の人が参加するので、社内コミュニケーション活性化の一助ともなる。

　このようなイベントに参加することで、実際、例えば腰痛が緩和されたり、よく眠れたり、そのような成果が見え始めると、自走への着火点に近づくことになる。なので、**この手のイベントは、あの手この手、いろいろな切り口で開催することがポイントになる。どこかに参加し、どこかで着火する。それを忍耐強く待つことが大事なのだ。**

　キャンペーンを展開するケースもある。健診の結果が出た頃、健康への意識が高まっている頃に、重層的に行うのだ。1日1万歩、2ヵ月間の「ウォーキングキャンペーン」とか、目標体重に挑戦する「ダイエットチャレンジ」、健康アプリを導入し、グループ間で競争しながら生活習慣の改善を目指すところもある。

　営業系の会社であれば、このキャンペーンは大いに盛り上がるだろう。先輩社員が後輩社員から急かされたり、部門内のコミュニケーション活性化には大いに効果ありの取り組みである。

　この手のキャンペーンで大事なことは、結果をしっかりと公表し、しっかりと表彰することである。トップも交えて表彰してもらったり、会社として、全社としてのキャンペーンと位置付けることが大事である。

　特定の部門だけが盛り上がるのではなく、全社での盛り上がりを醸成する仕掛けも必要となる。途中経過を報告したり、成績が振るわない部署をけしかけてみたり、途中途中でテコ入れしながら盛り上げていく。できれば、毎年開催し、1つのお祭りとして定着できれば御の字だろう。

　情報発信、イベント、キャンペーンを継続し、それぞれと連動させ、通年の取り組みが要所要所にできれば、健康への意識も通年で継続できる可

能性がある。とにかく継続し、刷り込むことが大事になる。

その他、昼寝場所の設定と昼寝タイムの実施、職場にバランスボールを導入したりして、楽しく健康を意識してもらう。事業所に体組成計と血圧計を常時設置しているところもある。社員食堂のしょうゆ差しをワンプッシュタイプに変更したり、お茶碗のサイズを小さくしたり、自動販売機の飲み物をお茶中心にしたり、さりげなく健康志向に変化させているところもある。

━ あの手この手を継続していく息の長い取り組み

そして、最後は効果の見える化、ナレッジのシェアがある。定期健康診断を定点観測していき、いろいろと取り組んだ結果がどう成果に結び付いたかを検証し、その効果を全社に公表していくのだ。

確かに、継続しないとなかなか効果は見えないが、たとえ少数であっても、しっかり継続して成果を出している社員を探し出し、公表していく。やればできる、という意識を刷り込んでいく活動である。

成果が出ないと人は挑戦しないし、継続しない。成果が出ることで、仕事も順調、プライベートも充実、そのようなロールモデルを探し出し、情報発信の中に交えていくと、きっと次の成功者が現れてくるはずである。そういう意味でも、健康経営についての情報発信は継続していきたいものである。

働き方改革と密接に結びついている健康経営。しかし、すぐに効果が出るものでもないし、社員みんなが飛びつく施策でもない。繰り返しになるが、**あの手この手を継続し、社員の着火を促し、自走に結び付ける、相当息の長い取り組みである。**効果が表れるまで期間を擁するため、だからこそ逆に、早くに取り組んだ方がいい取り組みでもある。従業員を上手にけしかける、戦略性が本当に必要となる課題でもあるのだ。

第 **4** 章

戦略総務
実践事例

場 の 力

株式会社スクウェア・エニックス　総務部長

岡田大士郎氏

━━ 戦略総務とは「経営総務」

　私が考える戦略総務とは、「経営総務」の意識が強いですね。総務の区分けとして、オペレーション総務から管理総務、そして戦略総務がありますが、それらを全て包含した、経営そのものの総務の役割、「経営総務」という意識が私の戦略総務のイメージです。

　その経営総務の中心となるのが、フィジカルな、物理的な場としての"場"、スペース作りという業務。もう1つの領域が、テクノロジーを駆使した場作りです。ITを使いこなし、生産性を上げるために設計していくという視点が求められます。

　そして、私が目指す場作りは、人が育つ場です。経営の根幹は、1人ひとりが自律的に自分の潜在力をどれだけ発揮できるか、会社の仕掛けの中で、その人のポテンシャルをいかに引き出すかということが必要だと思います。管理をせずに、人の気持ちを広げていく場をデザインし、人が育つ場をどのように作り出していくかというのが、経営視点での総務の役割ではないかとずっと思っています。それは言い換えると経営そのものなんです。

━━ コミュニケーション活性化の担い手

　各人の専門分野を持って人は組織に入ってきます。その各人の能力をどれだけ引き出すか。また、引き出すだけではなく、それを組織単位でつなげ合わせる、シナジーを作っていく。それには場を作り、コミュニケーションを活発にしていく必要があります。

　彼らが持っている能力を、どのようにうまくぶつけ、相乗的に次の価値を生み出していくコミュニティを作るか。黙って「コミュニケーションを取りなさい」といっても進まない。

「今日は天気がいいですね」というのは、本来必要なコミュニケーションではない。ある目的に向かい競争していく、その中で共有していくことが求められてのコミュニケーションが本来のものなのです。それをどのようにデザインするかというのは、上長が意識を持つためにいろんな研修を受けても限界があります。それよりも、もっと大仕掛けに場を作る必要があるのです。

例えば、企業スポーツ、実業団。10万人の組織でも、自分たちの会社が決勝に出れば、知らない者同士が肩を組みます。「うちの社員がオリンピックに出る！」となった瞬間に、社員の気持ちが同じベクトルに向きます。そのような仕掛けこそが、総務が設計して作る"場作り"なのです。

イベントであったり、さまざまな仕掛けを作って、社内に匂いや動きを作る。そうすることで、「あれ？　今日なんかいい匂いしない？」というような話題を、知らない者同士に誘発させる。そういった仕掛けを、実は随所に練り込んでいます。

そこの演出効果というか、"場作り"というのは、他の部署ではできません。「誰もできないことをやるのが総務だ」という意識を持ち、私は行っています。

━━ 人を交える場の力

私が課題感を持っているのが、同じ空気を吸っている空間の中ですら、話をしたことがない人がたくさんいるという事実です。自分の職場のまわりにいる人、チームの人のことはわかるけれども、ちょっと外に出ると、まったく知らない。

当社にはクリエイターが数多くいます。クリエイターのおよそ20%がプログラマー、50%がデザイナー。一般的にプログラマーは左脳タイプ、デザイナーは右脳タイプが多いと言われますが、交わって1つのゲームを作らなければならないというのが課題としてあります。

それを、いかにまとめるか。スーパーディレクターがいれば、結構うまくまとまります。ディレクターが非常に良いかたちでまとめ、チーム力を作り出す。チーム力を作り出す原点、それができる理由の1つが、場の力

181

なのです。

　ここ東新宿に移転する際、いくつかの仮説を立てました。広いオフィス空間にユニバーサルの机を並べて、動線設計をして、誰と誰がどう交わり、ボスのところに行くのにどのような通り方をすると、人間の行動心理からすると移動しやすいか。床面積が広いので、縦のコミュニケーションの動線確保のために、オフィスの真ん中に内階段をつける。コーヒーやおいしいもので人を釣って、人を動かす。さらにその先の20階には社食を作る。人がどのように動いて、交わるかという意図をあらかじめ考えて設計しました。

　設計に当たり、心理学から脳科学、人の動き方、考え方、個性、特性と、いろんな切り口で人の個性をカテゴリー化して、いろんな組み合わせの中で、最も交わりやすい場にするにはどうしたらいいかを考えました。

■ 舞台装置を整える総務の役割

　この東新宿の本社9000坪の中に、220のミーティングゾーンがあります。当社の占有部である廊下にも設置しています。「廊下は通路じゃありません。ここはクリエイティブの場」という定義をして、ホワイトボードを張り巡らせました。

　朝会のときに、30人くらいの人が車座になる。通行人は邪魔ですよね。でも、「こういうことをやっているんだ」とわかる。

　なぜそこまでやったかというと、それも1つの場作りなのです。ポテンシャルの高いクリエイターをどうつなぎ合わせて、それぞれがポテンシャルを高く演じることができる舞台を整えてあげるか。そのような戦略でした。

　舞台の大道具・小道具、便利グッズをそろえるのは総務の仕事。そこで演技をして、表現するのはクリエイター。演出をするのはディレクター。ディレクターからのメッセージがよりきちんと伝わって、演技者がもっと良い演技ができるような、そういう舞台ぞろえです。

　あるいは、疲れて休憩する際、その人たちがすぐにリチャージできるような休憩室を、どういう視点で整えてあげれば、30分でリチャージしてい

第4章　戦略総務　実践事例

たところを10分でできるようになるか。ある意味、セコンド役という感覚です。休憩室の音、香り、光などの環境にこだわるのは、リチャージの時間を圧縮したいからです。

さらに進んで、人がどういう状況のもとで、どれだけの力を出せるか。ポテンシャリティーを上げられる時間や空間、状況をカスタマイズできるワークデザインが実現できるように、環境面や制度面から支援してあげることが、私の意識の中では"場作り"なんです。

場における選択肢をたくさん提供することにより、社員にそれを自律的に使い回してもらい、場の力で人が育つということを目指しているのです。

■ 場の力についての現場からの声

いろいろと仮説を立てて設計したビルに移転して以降、明らかに変わったのは、社員の表情。明るくなって、笑いが多くなりました。

場そのものには当然、力はないんです。しかし、総務が提供した場を活用して、人が動き、自ら使い始める。ヒット作を制作したディレクターは、その場を使いこなし、結果、好結果に結びついた。確かに、現場が頑張ったのですが、現場が頑張れるような体制を作り、組織を作り、それが実現できる環境を総務が提供したからこそ、できたんだと私は感じています。

■ ナレッジオフィサーとしての総務の役割

総務として、戦略総務という意識は、当然持っていないとダメだと思います。総務で働く1人ひとりが意識することにより、現場と経営の間の、非常に意味のある橋渡しができるようになる。そこが、戦略総務としての活動であって、マネジャーがやるレベル、ジェネマネがやるレベル、チーフがやるレベル、いろいろあります。そのレベルの中で、人を動かすレイヤーというのは、これはもう経営総務的役割なのです。

その役割は、CKO(最高知識責任者)的なコントローラー、ナレッジオフィサーとなり、CIO(最高情報責任者)やCFO(最高財務責任者)、CEO(最高経営責任者)を側面支援し、組織の知力を最大化するための場をどうプロデュー

183

スするかという意識です。これこそが究極の総務の役回りであるべきでは
ないかというのが、私の持論です。

　一方、企業活動にはいろんな隙間や水漏れがあります。経営と現場の、
いろんなところが見えるのが総務です。見えるからこそパッチをあてられ
るし、対応もできます。

　現場を知り、経営の意識、情報を取りながら、うまく合わせていく。そ
の仕事というのは、おそらく総務部長の仕事。上を見て、言われたままで
はなく、経営陣等が何を感じているのか、ある意味、良いかたちの忖度を
しなくてはならない。

　先を読む。その人の個性を読む。次は何をやりたいのか、それを読み解
きながら対応していく。その個性を知った上で、どのように束ねていく
と、目的を達成できるのかを考えていくのです。

■　経営総務として

　いま流行の働き方改革。その大前提は、雇用側、マネジメント側の社員
に対する意識を性悪説から性善説に変えることです。ダイバーシティ＆イ
ンクルージョンに対する耐性というか、忍耐力を持たないと、現場は変わ
りません。

　一方で、場の雰囲気や風土を変えることは、働き方改革に直結していま
す。その部分で総務は、場作りを通じて大いに貢献できるのではないかと
思います。

　先に総務は経営と現場の橋渡し役と言いました。その両方に属しなが
ら、しかし総務に必要なのは、現場の社員みんなと同じ世界で生きている
という意識。だから私は現場を歩き回ります。みんなの話を聞き回る。現
場との目線が合い、組織の体温が見えてくると、経営とのギャップを感じ
る。そのギャップを埋めるためにシナリオを書いていく。

　現場の意識を持ちつつ、経営総務として、トップも支えていく。現場を
知っているがゆえにできる総務の役割ではないかと思います。

派手な戦略総務はいらない

　総務の活躍を派手に見せようと、コスト面でこれを半額にしました、これだけ頑張ったと、示すことはあります。しかし、それは本質ではないと思います。安かろう、悪かろうという結果もあります。

　効果を高めるには、必要な金額は使わなければいけない。しかし、それだけを取り出して説明すると、理解されない。なのでやり方として、全体枠の中でのコミットをきちっと取り付けて、枠をもらって、その中でうまくやるのも必要でしょう。

　戦略総務の仕事の仕方として、何かを仕掛けた結果、現場でのハレーションもなく、ふと気づくと、「あれ？　私たち変わった？」ということがさり気なくできることだと思います。社内にあつれきを生むようなマネジメントは、組織が痛みます。誰かが勝てば、誰かが負けるという構図は、決して組織にとってプラスではありません。

　また、人間ですから、当然、能力の差もありますし、差が出るのは当然です。しかし、たとえ能力に差があったとしても、それぞれの個性と能力を見てあげて、必要な能力まで引き上げるためのサポートは必要です。手取り足取りという意味ではなく、心のサポートでしょうか。その努力をせずして、「こいつはダメだ」というレッテルを貼ることには反対です。

　自分の反省も含めて、組織作りにおいては、そういう人はきちんと正していかなくてはいけないと思うんです。

場の力が会社を変える

「戦略総務は変えること」と言われます。私は、総務が会社を変えるのではなく、社員が自ら成長して、結果として会社が変わる。総務が会社を変えることができる場を提供するのだと考えています。

　確かに、総務が会社を変えるシステムを導入したり、業務効率を上げる仕組みを入れるとか、コストセーブをするといったことも重要だと思います。そのことを通じて、会社の利益が増えたり、コスト削減できるという、目に見える成果が現れるので、会社の活動の支援や貢献はできている。

しかし、経営総務という意識で考えた時、大事なことは、会社を支えているのは人間の活動であるということです。よって、ここで働く人の働き方が、さまざまな場の仕掛けを提供することで変わり、それに伴い意識が変わってやる気が出てくると、現場はこれまで以上に適切にお金を使おうとするし、一層売り上げが上がるように価値創造にどうレバレッジをかけていくかということができるようになる。そのアシストをしていくのが総務の価値として、大切なのではないでしょうか。

　こういう感覚になってきたのも、この東新宿への移転を通じて、場の力を劇的なほどに実感したからです。この5年間、会社が一層元気になってきたという手応えがあるんです。背景には、現場のクリエイターたちが素晴らしい創作意欲を発揮して、数々のヒット作品を送り出せてきたこと。私は、場の力がクリエイターの創造力を支えてきた側面も大きかったのではないかと思っています。

可視化する力

株式会社構造計画研究所　人事総務部　室長
酒向雄介氏

■ 経営の言葉で語る必要性

　総務と戦略。社内からすると遠いイメージ。経営からも、総務に対して
あまり興味を持たれていない印象があります。経営の言葉で総務を語れな
いという、こちら側の課題もあるように思います。

　「受付が……」、「ここが壊れて……」、そういうレベルでの会話が、総務の
日常です。経営レベルでのコミュニケーションができるスキルを身につけ
ることが、戦略総務に向けた私たちの課題です。

　実態として、日常業務に埋没してはいるのですが、総務のマネジャーと
して、経営とコミュニケーションを取るときの言葉が大切だと思っていま
す。総務部長が、経営も交えてのレビュー会議というところで総務の発表
をしますが、そこで総務の仕事を細かく話しても、全然響きません。総務
の目標を、経営の言葉にして表現しないと伝わらないのです。

　総務は100億円の売上の中で、2億円の経費を直接管理しています。し
かし、本当は8億円もの総務コストが発生しています。その多くを、各事
業部に振ってしまうので、2億円しか見えていない。この8億円を会社の
成長のためにどう使うのかを考えているかというと、考えていない。

　8億円を、「もっとこうしていきましょう」という、トータルで考えるレ
ベルで話をしていない。なので、総務が「今年、これをやりましょう」と
言う時、どうしても、1つひとつの項目で話をしてしまう。「受付をこうし
ましょう」とか、総務が管理している100個くらいの項目について、そう
いうレベル感で話をしてしまうと、経営はピンと来ない。

　例えば、「効率化」するという目標があったとき、細かい項目を積み上げ
て説明するのではなく、8億円の10%、8000万円を効率化するんですと言
うと、経営には通じる。経営にどんなインパクトがあるのかということが
わかり、それを伝えないと、戦略として位置づけられない。

私たちは経営の言葉で語るスキルを学ぶ必要があります。

━ 部内の巻き込み

経営に理解される大きな目標を掲げる一方で、10人のチームの総務の現場では、10人のメンバーで100項目を1つずつ対応しているという実態があります。

大きな目標を掲げても、具体的な行動レベルの目標を総務部全員で共有できていないというのが課題です。部長と課長の間では「こうしたい」という思いはあるものの、チーム一丸となって実際やっていこうとしたときに、なかなか一緒になって動けない、溝ができてしまう。そうならないように、どう巻き込んでいくかというのが課題です。

経営とは、「10%の効率化」という話ですが、現場には落とし込めていない。だから、あまり変化しない。従来通りの変わらない仕事をしていたのでは、変化の激しい世の中についていけないし、いらないものも実はいっぱいあるかもしれません。それを今の時代に合わせて変えていくのが総務の仕事、ということを共有したいのです。しかし、何かを変えようとすると、自分たちがやっていることを否定されていると思ったり、今以上に働きなさいと言われていると思ったり。変化への怖さがありますね。

そこで、そもそも何のためにやるのか？　とか、仕事とは何なのか？というレベルから共有していくことで、主体的に戦略総務とか、総務のプロとして自分たちのチームが会社に認められる、そういうところを目指そうということをやってきました。

私としてやりたかったことは、総務のプロとしてのチーム作り。日々の仕事をきっちり積み重ねてやっているメンバーへ改善こそ総務の仕事の本質だとコミュニケーションしていく、「こういうことも考えて働くと、もっと視点が変わって、総務のプロに近づくよね」と。

それを繰り返すことで、部内が変化していきました。やっている仕事も、自分は何のためにやっているのかというのを考えるし、「これはこうした方がいい」と1人ひとりが改善提案するレベルになってきました。あるいは、事務職として事務を任されていたメンバーに対しては、期待をされ

てきたことがないという中で、「いやいや、期待しているんです」という話をしていくうちに、「そういうの、やっていいのね」とか、「期待されていることにはじめて気づいた」と、変化していきました。

総務の評価が高まる

総務の仕事は、どこの部隊ともコラボできるし、インパクトの大きな仕事にも関わるし、実際にそういう部隊に呼ばれるようになってきました。

働き方改革もそうですし、ワークプレイス変革というときも、いわゆる管理総務であれば「これやっといて」みたいな感じになるかと思いますが、それが上流から「プロジェクトチームに入ってほしい」と呼ばれる。そういう総務の価値みたいなものが、認知されてきました。

総務はオペレーション部隊なので人数は10人、リソースがある。そして、私はいろんな部を巻き込んだプロジェクトを回していくかたちで呼ばれたりします。働き方改革でもオフィス改革でも、専門特化した1つのチームだけでは対応しきれないので、巻き込んでいくときのハブみたいな役割で、総務が入ってほしいと要請されるのです。

最初からオペレーションまでわかっている人が一緒に入るっていうことの心強さだと思うんです。「企画のところから一緒にやりましょう」と、頼られる総務になりたいと思いますし、そういうふうに見られているんだなと実感しています。

総務の見える化

総務の仕事の見える化の発端は、仕事を人にくっつけないようにすることでした。全業務をリストアップ、担当を明記した業務リストを10年前くらいに作りました。かなり細かく作り込み、100個近くの業務を洗い出しました。

これとは別の話として、3年ほど前から、業務レベルまで記した日報を付け始めました。1日のうち、どのタスクにどれだけ時間がかかっているかが見える日報です。

30分単位で記録するのですが、勤務時間が7.5時間なので、15個に分け

られます。「電話対応はどうするんですか？」という意見もあって、1回の電話対応で30分ってことはないですが、1日で見て30分以上だったら電話対応と記録する。

　人によって、「頼まれ仕事をやっています」という意識が強い人も多いので、「言われたらやるので、業務リストにないものもやっています」となる。でも、記録するとそうでもないんです。メニューの中にないことを言われたら、「それは自分たちの仕事ではありません」って言っていると思いますし、自分たちの仕事をしっかりと定義して、そうではないものは無尽蔵に引き受けないこともすごく大切だと思うのです。

　ただし、既存業務を効率化して、空いた時間があれば、新しい仕事を受注してもいいですし、それにより新しい価値を提供することもできます。

　日報を毎日付けることで、忙しさも見える化されます。業務を割り振るときも、何時間かかるかというのがわかるので、「これは40時間かかるので、これと交代して、こっちを新しい派遣の人に渡してやってもらいましょう」とか、理性的な話になります。「無理です」という話ではなくて、「何時間かかるから、こっちの仕事をこっちに回しましょう」と。

　うちの会社には「ジュニア1」「ジュニア2」「マネジャー」「シニア」という役割等級があります。ジュニア1の人たちは、ジョブリッチ、いろんな仕事ができるということの価値を追求しましょうと。

　ジュニア2の人は、プロジェクトマネジメントと言っていて、新しいプロジェクト、「新しくこんな仕事をやってください」って言われたり、自分たちから提案したものをやる。毎月やっている業務以外に、新しいことを回していく、業務改善をプロジェクトとしてマネジメントすることを期待していますと。

　基本的には、長い人は10年同じ仕事をしていたりしますけど、それもできるだけ複数担当にしています。ダブルキャストですね。今までシングルだったところは、ダブルキャストにして、AはAさん、BはBさんだったのを、AとBをAさんとBさんで、みたいなかたちにしています。

　理想は、みんなができるように回していくことなんですけど、それを完全にやるにはリソースが足りない。できる範囲で、人が変わるタイミング

で少しずつ回していくとか、そういう感じです。

業務リストは各人の業務割合を示すものですが、オレンジはプロジェクト型の仕事で、青は定常業務。この青を10%効率化して、オレンジを増やそうと。過去はこんなだったよねと、3%、6%だったから、次は16%目指そうよと。人別で見ると凸凹があるけど、今年これだけいこうよと。ほとんどオレンジがない人もいて、そういう人は、定常業務をパンパンにやっているんですね。この人は定常業務を減らさないと新しいことができないから、定常業務を減らすためにどうすればよいかということを話します。

見える化により、「こういうことがしたいんです」と、想いを伝えやすくなりました。まだ時間とコストは、紐付いていなくて、もっと見たいですね。時間がわかると、人件費はわかるんです。これにあとは、外に出ていくお金を紐付ければいいので、タスクごとのコストを見える化する。近いところにいるんですけど、手作業でやらないといけないので、まだうまくいっていないですね。

━ プロジェクト管理

新しい仕事を依頼する場合は、「プロジェクトリーダーをやってください」って言うんです。工程を自分で設計して、誰が何時間、その工程に関わるのかということを考え、実行計画に当てはめていく。

ジュニア2への昇格には、プロジェクトリーダーとして実行計画を書けるようになる必要があります。このプロジェクトの目的、マイルストーンを置く、まずキックオフをして、計画を立てて、レビューして、計画を修正して、準備して、説明会をして、実施するという工程を切る。フォーマットになっていて、自分で全部書くんです。そこに誰が何時間かかるかというのも見積る。実行計画のキモはスケジュールです。スケジュールを可視化したものを線表と呼びます。

やったことがないプロジェクトの線表を引くのは最初大変なので、相談しながら引いてみて、違ったらまた修正すればいいんです。ただ、やっていくと、なんとなく、大ハズレはしない。総務は基本的に自分たちで線を引けばいいんだから、3ヵ月って思ったのを6ヵ月引いとけばいいじゃん

と。余裕を持って引けるんだから恵まれてるよっていう話もしながら。

　私の上司が、15年で3人目で、最初の上司が1人でやるコンサルタント出身の人事部長だったんですね。だから、コンサルタントみたいな、分析したり、提案したりすることを訓練させられたんですけど、2人目がソフトウェアの開発のマネジャーだったんです。その人はプロジェクトマネジメントがマネジャーの仕事だと言って、先ほど言った線表を引くというのを叩きこまれました。

　大事なことは、わからないからといって引かないのはナシ。わからないときは、企画とか提案書を書く。プロジェクトはわからなくても何かするわけじゃないですか。だから、わからなくても何か書く。長めに取れるのであれば、長めに取る。

　もう1つは、長いプロジェクト、1年のプロジェクトとかって、決めきれないのでウィークリーとかで書くんですけど、なるべく早い段階でデイリーにする。だから、誰が・いつ・何をするということを、なるべく早い段階で細かくしていく。

　誰が・いつ・何をするかを落とせてないから、うまくいかない。忙しくてできないんだったら、延ばせばいい。トラブルが起きたら直せばいい。なれたプロジェクトマネジャーだったら、トラブルが起こるかもしれないことを線表に書いておくこともできる。

■ 自分事と考える重要性

　今年、総務のあるメンバーにリーダーを依頼してゼロベースで、総務サービスの仕分けプロジェクトをやりました。各業務について、どんな課題があって、今年できたもの、検討したけど変えられなかったもの、来年やるものというふうに、1年間やった活動をまとめた報告書を出してもらいました。

　新しいことをやるには古くなったものをやめる必要があります。業務をやめていいかの判断は、ものによって総務部長や役員が判断するものもあるけれど、どんどん提案していこうと。20個出して、20個はいけないけど、20個出せば10個はいけるから、数を出していって、なぜやめる必要が

あるかをちゃんと言おうと。これから毎年やっていこうと。基本的なサイクルにしていこうと部内で話しています。

　オフィス改善プロジェクトも始めました。ささいなことであっても、「今のままで本当にいいのかな？」って見直すのです。全部、自分事として考え、変えられるところは変えていこうと。職場改善ということで、見回っていたりして、月1個でもいいからやろうと。

　例えば、受付の倉庫が汚かったんですけど、受付はアウトソーシングしているので「これは誰がやるんだっけ？」となったら、「総務しかいないよね」ということで。

　総務って忙しいので、なるべく仕事を小さくしたくなるものです。「自分たちじゃないよね」って思えばやらない。でも、受付倉庫の片付けなんかは3時間くらいで、みんなでやればできちゃう。年間2000時間、少ない人でも1500時間くらい時間を持っていて、そのうちの3時間だよっていう話なんです。「やったら、こんなに気持ちいいじゃん」って。

■ 総 務 の 達 成 感

　総務においては、成果の見える化は大変重要です。資料にまとめるのは大変だと感じる人が多いのでみんなイヤがりますけどね。ですから、「やってください」っていきなり言っても難しいかもしれないですけど、ステップ・バイ・ステップで、「ちょっとこんな感じで、Before・Afterで出してくれませんか？」ってスライド1枚を作ってもらう。「同じフォーマットでどんどん作ってもらえますか？」と言って、どんどん作ってもらった。「これ、数字で表現できますかね？」とか、「これ役員発表をやるからフォローアップ会議の資料にまとめてくれませんか？」と一歩ずつステップアップする。

　登れる階段を一歩ずつやらないと、結構抵抗感出ますよね。成功体験を積み、積み重ねで「総務って楽しいし、価値を出している」って思ってもらうわけです。

━━ 総務の可能性

　総務は補集合なのです。バックオフィスの仕事があって、最初は全部総務と呼ばれていて、経理があって、人事があって、残りが総務。ということは、今やっていないことは、何をやってもいいというところが面白い。

　既存のルーティン業務も含めて、大きな財布を持って、なかったら会社が回らないという大切な部分を、会社の成功に向けてどんどん良くしていくんだということが面白い。

　また、専門に特化した部隊、広報でもIRでも、自分たちだけではやりきれない仕事で誰かに相談したい仕事って結構あって、そういうときに、「ちょっとこういう仕事があって」と相談を受けて、「じゃ、一緒にやろうか」とつなげられるところに価値を感じます。元をたどれば総務は専門分野の母体になっている補集合。だから専門性が低いという面もあるし、一方で、補集合の専門家だってこともある。

　補集合ということは全部門とつながっている部分もあるんです。間接部門の残っている部分をルーティンでやると思えば価値が低いと感じるかもしれないけれど、専門部隊とコラボしてより大きな価値を出すためのプロジェクトを回していく中心になれる総務には大きな可能性を感じます。

　全社のイベントをやるときも、「総務が事務局をやってくれ」。福岡の新しいオフィスのときも、総務がプロジェクトを回す。そういうふうにリーダーシップを求められるというのは嬉しいことですね。

　自分の役割意識としては、今までにないものは全部総務がやっていいのだという思いがあるので、新しいことをやって「ここは足りない」と思っている人たちに、「総務、こういうのも一緒にやれる？」って言われたら、それは総務が当然やっていいと思っています。

　その意識は、今までやってきたことが自分たちの仕事と思ってしまうと、「そんなのは自分たちの仕事じゃないです」っていうふうになり、相談すら来なくなります。

　ただし、相談される時に注意しないといけないのは、雑用の依頼もあることです。それだけを引き受けてしまうと、野球の球拾いみたいになって

194

第 4 章　戦略総務　実践事例

しまう。やってもいいんですけど、自分たちの強みが生かせることをやらないと、本当に雑用係みたいに扱われてしまいます。なるべく、全体のマネジメントとか、企画に関わっていくということが大切です。

　全部固まっている中で、「誰もやってくれる人がいないから総務やってくれ」っていう人も多いんですよ。それはやらないわけじゃないけど、球拾いみたいな仕事になっちゃうので、それだけをやっていても総務の価値を認めてもらえません。

━━ 総務のプロとして

　総務の各メンバーの強みを把握し、的確な配役を決めて、価値がアピールできる仕事に仕立てる。総務のメンバーに名指しでオファーが来るって大切なことです。総務のメンバーが全員そういうわけではありませんが、そういうふうにできるように強みを見つけてあげるというのは、これから自分がもっとやりたいことですね。

　法務のプロが3人いるとか、FMのプロが2人とか、採用のプロが2人いるとか、そういう専門に特化した部隊の中で、こっちはルーティンワークのプロが5人いるみたいな、そういうふうな振り分けで、「ルーティンワークの部分お願い」ということを、まずはずっとやってきていると思うんです。それをもっと前進させて、提案書を作るのが得意だから呼ばれるとか、プロジェクトマネジメントをする人として呼ばれるとか、価値を磨いていくことを自分たちでしないとダメだなというのは常々思っています。

　また、他社でも通用する人を、その道のプロだと思っているので、総務のプロと言ったときに、この会社の総務のプロではなくて、どこでも通用する総務のプロを目指したいですね。

━━ 場の力

　組織をもっと良くしたり、イキイキと仕事をするということに興味があり、総務という仕事を通して、会社を良くしたいという思いが強いですね。

　もともとは人事の仕事を通してそう思っていたんですけど、総務でも同じことを思っているので、自分の軸みたいなものはそこなのかなと思いま

195

す。人事のときは人事の方が影響力があって、総務の方が影響力がないと思っていたんですけど、今は総務の方が面白いなって思うんです。いつも、今の仕事が一番面白いのかもしれませんが。

　総務の場作りってすごく面白い。人間って場に依存して、思考とか行動が変わるんですけど、それを意識していないんです。

　また、場を通じて社員がモチベートされたり、行動が変わっていく。社内にカフェを作った時に思ったんですけど、人の流れが変わったなとか、コミュニケーションが生まれたなとか。そういうのをもっと、総務の仕事を通してできるんだなと感じました。

　尊敬する先輩に「総務の仕事は会社の文化を作ることだ」と言われていて、入社3年目くらいで全然ピンと来ていなかったんですけど、場作りとか文化を作るってことが、本当にできるんだという気がしてきました。

　プロフェッショナルとして会社に参加している人たちの、働きやすい場を作っている。そういう意識を作っている。そう思えるようになりました。全部「MY」、自分事だと思えば、総務はなんでもできるんだと。

　最後に、見える化も改善もメンバーと協力して進めてきました。様々な課題に一緒になって取り組んでくれる総務のメンバーには本当に感謝しています。

巻き込む力

GMOインターネット株式会社　グループ総務部　マネージャー　直江望氏
アシスタントマネージャー　中村文哉氏

■ 戦略総務とは？

　当社グループでは2011年に「福利厚生施設拡充プロジェクト」が立ち上がり、社員食堂を兼ねたコミュニケーションスペース、託児所、マッサージスペースなどをオープンしていく中で、総務を単なるコストセンターではなく、事業を展開していく上で重要な戦略を進めていく部門の1つとして考えていこうという話になりました。

　ですから、従来だと、総務ではコストを抑えるという思考が強かったのですが、総務で行う投資が経営戦略につながっていく、重要なポジションであるという意識を持って取り組んでいかないといけない。直接プロフィットを生む部門ではないですが、プロフィットを生む武器を与える部門だと考えています。そのツールの1つがオフィスや福利厚生施設。現に、福利厚生施設が充実したことで、プロフィットの創出につながるような効果を得られていると僕らは感じています。

■ 他社のマネはするな！

　当社グループのトップがよく言う言葉に、「他社と同じことをやるな」というのがあります。僕らがベンチャーとして立ち上がって、このスピード感で成長できたのは、独自のやり方や、既成概念にとらわれない考え方で、いろいろと挑戦した結果だと思っています。

　ですから総務でも、往々にして一般的な思考に陥りがちなところを、他社のマネをするのではなく、独自のやり方を、自分なりに考えてやっていくという仕事の進め方が結構多いと思います。

　例えば、2015年に始めたコンシェルジュ・サービスもそうでしたが、他社ではやっていない事例を作ることが多いですね。他社事例がないので、当然ながら、調べても見つからない。それでも、いろいろと切り口を変え

て調べ、いろんなところに問い合わせをしたりして、自分なりに考えていきました。

そもそも、コンシェルジュ・サービスは、働くパートナーがより業務に集中できる環境を用意するべきだという、当社グループ代表の熊谷の発言がきっかけでした。会社にいて、どうしても私用だとか公用で時間を割かなければならない状況は多々あるものです。それをコンシェルジュで引き受けることで、より業務に集中できる環境を用意しようと。

例えば、銀行に、郵便局に用事があり外出するパートナーもいたと思うのですが、入居しているオフィスビル内で全てが終わるような環境を作ろうと言われたのがきっかけでした。

■ オフィス・コンシェルジュ

みなさんの業務にかかわる手配や、平日の日中に済ませなければならないプライベートな用事を引き受けることで、みなさんが業務にかけられる時間を増やしますよ、というのがコンセプト。代表的な例としては飲み会の手配。部内で飲み会をやるので幹事を任せられると、その人はお店を探したり予約したりといったことに時間を取られて、通常業務の妨げになりかねません。そういう事例って結構あると思うんですね。そういうのも全部お任せできるのです。

その他、出張のホテルや飛行機の手配。時計の電池交換とか。シャツやスーツのクリーニング。このメニューなども最初から決まっていたわけではないので、僕らで全部考えました。「こんなことをお願いしたら便利になるよね」と。発想力が豊かじゃないと、務まらないですね。

■ とにかく巻き込む、一緒にやっていく姿勢

初めての試みですから、僕らもノウハウがないですし、アウトソーシングできる会社も探しましたが、見つからない。ない中で、「コンシェルジュ」で検索すると、高級マンションなどにコンシェルジュがいて、それをアウトソーシングしている会社があると。その他、総務のアウトソーシング会社もありましたので、そういったところに片っ端から連絡をして、

「御社のビジネスモデルにはないんですが、僕らとしてはこういうことを考えています。僕らがメリットを感じているということは、他の企業でもニーズがある施策だと思うので、ぜひ一緒に考えていただけませんか？」という相談を各社にしました。ところが、「事例がないのでお受けできません」と、結構断られましたね。

　今、お願いしているところは、マンション・コンシェルジュ業界ではトップクラスの会社さんですが、「なんとかやってみましょうか」と言っていただきました。ただ、初めてのことなので契約条件や業務内容など、最初は細かく詰めていく必要がありました。

　確かに、請け負っていいことと悪いことの判断が難しかったり、パートナーからの依頼事項が想定し切れないんです。具体的にやる内容が決まらないと、契約締結ができない。

　そのような状況の中でも、なんとか大枠を取り決め、運営をしていただいています。都度、メニューを追加していったり、微調整は結構しています。

　コンシェルジュも、社員食堂も、託児所もそうですが、委託先から見ると我々はお客様なので、発注者と受託者という関係となりますが、僕らとしてはそうは考えていない。委託先を巻き込んで、「一緒にやっていきましょう」という姿勢を常に心がけて仕事をしています。

　社員食堂を兼ねたコミュニケーションスペースの実現も苦労しました。このフロアには厨房設備が作れないので、全てケータリングでやることに。このビルを管理している会社にも事例がなかったのですが、議論を重ねて、実現にこぎつけました。

　ただ、こういう事例ができたので、いろんな会社が見に来られたり、管理会社には食堂のモデルケースの1つとして考えていただけているようです。

　この一件もそうですが、僕らだけでは何もできない。かつ、普通じゃないことをやろうとします。ですから、社内外の関係者を巻き込み、「新しい面白いことを一緒にやりましょう」という姿勢でいることが大切だと感じています。

むしろ、「一緒に作り出して行きましょうよ」という思いに共感してくださる会社さんだからこそ、普通じゃないことを実現できたのだと思いますね。

従来の延長線上で仕事をしない

もちろん他社を参考にしないことはないですし、資料を取り寄せたりもします。ただ、「やるからには一番を目指す」というのが当社グループの理念のひとつですから、そのためには、マネをするだけでは一番になれないので、一番になるためのオリジナルの工夫は考えます。

だから常に新しいこと、面白いことができないかと探しています。

社員食堂を兼ねたスペース、これができた頃は食事をすべて無料で提供するのは結構珍しかったんですが、今は普通になってきているので、より新たな何かができないかと常に考えています。福利厚生施設などについて、トップと話す機会が月1回くらい設定されているので、そういう場でいろいろと提案していきます。

完成してからが本番

実は、福利厚生施設を新たに作っているときは、できたら終わりだと思っていたのですが、全然違う。できてからが本番というか。使われない福利厚生施設ほどムダなものはないという考え方なので、飽きさせずに使ってもらうにはどうしたらいいかということを常に考えています。

そのために利用率をチェックします。カフェのドリンクがどのくらい出ているか、食事がどれほど出ているか、毎週金曜日の夜はお酒も提供しているので、そのときにどのくらいの人が利用しているかとか、全てデータで見ています。

そのデータは、デイリーで見ています。変化が生じたら、変化の理由があるはずなので、そこに何があったのかというところまでちゃんと調べます。利用者数が落ちていたら、「これはどうなっているの」とトップから聞かれるので、答えられるように準備はしています。大変ですが、そこまで福利厚生施設に気をかけていただけているというのはありがたいですね。

なかなか他社ではないのではないでしょうか。

福利厚生施設をオープンして5〜6年経ちますけど、いまだに細かい数字をトップが見て、改善を行っているところが、当社の独自性かもしれません。そのぶん、常に進歩していかなければいけないので頭を悩ませるところですが。

━━ 既成概念にとらわれない

トップから、「クレイジーになれ」って言われることもあります。既成概念にとらわれないということですね。このオフィスには、アート作品を50点ほど展示しているのですが、本物のアートに触れることで常に刺激を受けてクリエイティブな発想が生まれるトリガーになる要素を社内に設けることが意図するところです。だから僕らとしても、他にない発想で、パートナーに興味をもってもらえるような施策を行っていきたいと、常に思っています。

刺激は定期的に与えないと現状維持すらできなくなります。飽きられちゃいます。そこで、利用率などの数字を常にチェックしながら、「そろそろ変えなきゃいけないな」と。

毎月誕生日の方を祝うバースデーパーティーをやってきたのですが、これも3年、4年やっていて、ちょっとマンネリ化したので、毎月1回だったのを2カ月に1回にして、その分コンテンツを濃くする感じにリニューアルしました。

普通だったら、ずっとそれをやっていてもある程度人は集まると思うんですけど、同じことをやっていても、飽きちゃうじゃないですか。だから飽きさせない工夫をしていかないといけないのです。

━━ ベンチマークの必要性

他社をベンチマークすることも多いですね。いろんな施策をやられている会社はあるので、面白いなと思って情報を得ることも結構多いです。雑誌やテレビも意識して見ています。

福利厚生とか戦略的な総務のコンテンツとして使えそうなものは、色々

と頭の中に入れておくようにしています。それがいつか「あの時のあれが使えるな」となる可能性がありますし。

　いろんな取引先とも、業務の概要や説明をする中で、例えば熱帯魚を水槽ごと貸し出せますといった取引先がいたとしたら、今ニーズはなくても、今後「水族館を作る」とか、魚が泳いでいる空間とか、そういったことを求められたときにつながるかもしれませんよね。

　だから総務と全然関係がなくても、面白そうだなと思うものはいろいろと聞いておいて、あとで「あの取引先がいたな」ということで連絡したりすることはありますね。

　正直、僕らが入社したときはこういう福利厚生施設はなかったので、まさか僕がこんな施設を作るなどと想像もしていなかった。

　あと半年後、1年後に僕が何を作っているか想像ができない。だから何かあったときに対応できるように、いろんな情報を頭に入れておかないといけないなというのはありますね。

■ 効果や成果につながっている

　パートナーが働きやすい環境はできつつあると思います。なかなか定量的な効果を示すのは難しいですが、例えばコンシェルジュを作ったことにより「自分の本業に時間を持てるようになりました」とか、そういう声は本当によく聞きます。

　オーダーの件数と、「コンシェルジュにお願いしたことによってみなさんの業務がどれぐらい確保できましたか？」みたいなことを、アンケートを取っています。

　個々の感覚値ですが、60分とか、2時間という方も。僕らの中で、月間これくらいは目指そうという目標を持ち、それを達成するためにはどういうコンテンツを打ち出していけばいいかを考えています。

　コンシェルジュ・サービスでのイベントも定期的にやります。今だと布団のクリーニング。コンシェルジュは何をどこまでお願いしていいかわからない部分があるので、具体的な事例を定期的に発信しているんです。どちらかというと、僕らは受けるだけではなくて発信することが多くて、「利

用してください」、「こんな使い方があります」というのを常に発信しています。

発想力

オフィスビルという制約のある中で、どうやったら要望を実現できるかというのを考えていくと、やはりそこは発想力が必須になってくると思います。厨房がないのに食堂はどうしたらできるのか？　という中で、ああでもない、こうでもないと発想が重要になってくる。もちろん、僕らだけじゃなくて、関係者にも同じ温度感で考えていただいて。

大きな枠組を決めて、それをなんとか実現する。でも実務的に落とし込むって非常に大変なんですよね。例えば食事を無料で提供するといったら、行列が大変だろうなと思っていたら、やはり最初すごい行列ができちゃって。それをどう解消したらいいかな？　と考えて、結果、今は予約システムを入れてやっています。本当にトライ＆エラーでやってみて、日々チューニングしていくというのが僕らのやり方なんです。

普通に考えたら「ムチャだよね」という要望も、正直あります。社員食堂のあるスペースを外部に貸すのって、どうしたらいいの？　とか。でも、そういった画期的な施策がメディアに取り上げられたりするとうちの認知度も上がりますし、そうすると目に見えない広告効果もあります。

最初は「なんでやるの？」と思っていたことが、結果、腹落ちするんです。

そこで納得できる、できないでだいぶ違うと思います。ムチャな要望に応えて「やっぱり意味ないじゃないか」と思うのと、結果「こういうことだったのか」と腹落ちできるかできないかの違いは大きいと思います。

特殊部隊

普通の総務業務＋α、特殊なプロジェクトも常に何本か並行して行っています。部内は役割分担で分かれているところがあって、僕らは特殊なプロジェクト業務が多い。同じ総務の中でも特殊部隊に近いと思います。

日々のルーティン業務を適切に担ってくれる別のパートナーがいるから

こそ、僕らは発想力の必要なプロジェクト業務に集中できていると言えますね。

アイデアを1つ生み出すって、難しいというかパワーを使います。ルーティンももちろん大切ですが、全員が決まりきったことをやるだけではだめ。何かを生み出すことって非常に難しいなと日々感じています。

でも面白いです。そういった特殊なことに関われるので財産にもなりますし、そういった無理難題をなんとか実現できる同じ部門のメンバーと、そこだけにとどまらずに他の協力会社さんと仕事ができるのはモチベーションの1つですね。

「次はこんなの来ましたよ。どうしますかね」というのを真剣に考えて、「じゃ、これをやりましょう」となって、結果それがかたちになっていくのは本当に嬉しいです。

だから社内・社外関係なく、プライベートで付き合う関係性になっていきます。戦友に近いです。それまでお付き合いのあった会社を辞められた方が、また別の業界や会社に行くこともありますよね。そしたらそこがまた相談先にもなりますし。

僕ひとりでは何もできないので、どれだけ巻き込んで、気持ち良く仕事してもらえるかは、すごく考えています。

お互いに配慮して、良い関係性を保っていかなければなりません。新しいものを生み出すためには、みんなが同じ方向を向いて本気で進むからこそできていくものだと僕は思うので、プロジェクトを進めるときには、常にそこを意識しますね。

そのためには、まず温度感を共有することです。メール1本では温度感や思いって伝わらないので、僕は極力、直接会って話したりとか、少なくとも電話で話すようにしています。

場合によってはムチャなお願いもあります。だからこそ、まずは理由を丁寧に説明する。「こういう事情があるから、なんとかできませんかね」と。「僕らもここの部分は譲るので、なんとかここで調整してもらえませんか?」と言うのと、メールで1本「いつまでにこれをやってください」と伝えるのとでは全然違うと思うんですよ。

第4章　戦略総務　実践事例

　僕はもともと営業で、言われる立場に立ったこともあるので、やっぱり営業の方に気持ち良く動いていただかないと結果プラスにはならないなという思いがあります。そこは相手の立場を考えつつ、接するようにしています。僕らは動けないので、周りの方に動いてもらうしかないんですよね。

　僕がいる理由って、みなさんが気持ち良く仕事ができるためにあるのではないかと思います。プロジェクトをマネジメントする上で。それは常に意識していることですね。

■ 仕事をする上で一番大事にしていること

　僕のお客さんは、同じ会社で働く仲間であるパートナー。なので、常にパートナー目線で考えないといけないなとは思っています。それが第一。何気に「オフィスを移転する」と言っても、実際に移転するとなったら現場の作業も大変です。そうしたときに、極力現場で働くパートナーに負担をかけないようにするにはどうしたらいいか、直接話して調整したり、僕らができることは代わりに引き受けたりとか、やっぱりパートナーが本業に注力できる環境を極力整えられるように意識しています。

　みなさんが持っているタスクに注力できる環境にするというのが、総務の役割だと思います。

　こうした使う人の目線・立場を考えていろんなことに取り組むといったことは非常に大事にしていますが、加えてその人がどんなことを求めているのかを把握する、ヒアリング力も非常に求められます。それもこの仕事をする上で重要な能力なのだと思います。

　つまり、いかに相手の言っていることをくみ取って、それを実現させてあげることができるか。そういう力って、日々業務をしていて非常に求められているなと、思いますね。ミーティングひとつにしてもそうですし、「それってどういう意味で僕にそのオーダーをしているんだろう？」とか、「その本質はどんなところにあるんだろう？」とか。

　そういった思考回路でいると、101%以上のお返しができるんですよね。要は、先読みして、「ここまでやっておきましたよ」と。その先読みして感

205

じ取る力も重要かもしれないですね。

　結果、どんどん総務に求められるレベルが上がっているかもしれません。でも、喜んでもらえたら嬉しいじゃないですか。優先順位は付けていますし、できる・できないもありますけど、やれる範囲ではやって、みなさんに喜んでもらいたいというのは根本ですよね。

　普通は「作ったら終わり」ですけど、ずっと改善し続ける、それはモチベーションの1つかもしれません。やっぱりトップがずっと見続けてくれるというのが、大変でもあり、モチベーションにつながるところでもあると思います。

　同じ部門のメンバーには、恵まれているなと思いますね。楽しくできるというか、冗談を言いながらやっていますから。僕らだけじゃなくて、総務のパートナー全員が大変な業務を抱えていて、ピンチの時にはみんなが自然とサポートに行って助けてあげる。そういった助け合う関係性でなんとか乗り切っている。そういう関係性のパートナーと仕事ができるのも、ありがたいですね。

　やっぱり、人間関係が良くないと。そしてそれをちゃんと見てくれている上長がいて、そこは本当にありがたいなと思っています。
「普通じゃない」「クレイジー」と言われると、嬉しい部分があるかもしれません。そこを目指していますから。クレイジーに振り切りすぎても、うまくいかないので、良い感じにクレイジーな要素を入れていく。一見無謀に思える要望を、どうグッドクレイジーにしていくかというのが、僕らのタスクなんです。

チャレンジする力

日産自動車株式会社　コーポレートサービス統括部
部長　金英範氏

戦略総務とは？

　一言で言うと、業務の7割は、3〜5年先の未来を考えてやっているというのが戦略総務です。3割はどうしても過去の始末も含めた現在進行形の対応で、ユーザーの対応とか、そういった業務をやらないといけません。

　総務に限らず、どのビジネスでもそうだと思いますが、正直10年先はわからないが、3〜5年先は想像できる。逆に想像できないとマズイ。ただ、常に3〜5年先なので、来年の3〜5年先はまたちょっと変わってくる。そこは微修正していけばいいわけです。

　例えばオフィス・スペースの問題。3〜5年先のことを考えたら、今3000席あって3000人埋まっているからもうヤバイってことはわかりますよね。じゃ、どうするか。来年はこうする、再来年はこうすると、シナリオごとにプランを作成していきます。3〜5年後を考えたときに、一筋縄ではいかないってわかりますよね。そうするといくつかのシナリオを作るしかない。プランA・B・C。これがまさに戦略。

　スペースの問題に限らず、全ての業務において考えます。今、ヘルプデスクでこのような対応をしています。3年後にこれでいいのかと思ったら、「違うな」とスタッフは言いますよね。では、「何が違うの？」、「どこに行きたいの？」。3〜5年後にこういうふうに持っていきたいという目標レベルを、みんなで共有して、来年はここまで、今年はここまでと、やるべきことを決めていく。そんなイメージです。

会社としての将来も見据えて考える

　会社の将来も意識しないと、戦略を立てられません。車業界であれば、3年後はそんなに大きく変わらないかもしれないが、30年後は大きく変わるというのは見えています。IoTとかAIとか、新聞に書いてあるレベルで

すけど、そういう方向に行くというのは、業界全体として否定できない。

そういう方向の中で、働き方だったり、人材のダイバーシティの割合も変わってくるでしょう。同じ人が1000人集まって、同じことやっていてもダメ。いろんなダイバーシティ的な動きとか、プロジェクトの動かし方とか、混ざり方が増えていくと思います。

そうすると、良い面と悪い面があり、ストレスが溜まるところもあれば、ワクワクするところもある。なるべくワクワクするところを広げてあげるようなサービスとかオフィス・デザインとか、ワークプレイスをいかに演出してあげるかを考えていく。

あるいは、イベントを開催したりする。総務でできることの限界はありますけど、「3年後こうなるはずだから、今はこれをやろう」ということは常に考えています。

■ 3年後をイメージするための情報収集

ベンチマークは必要です。社食ひとつ取っても、工場の会社のカルチャーというのはやっぱりシフト制。確かに、エレベーターの運営とかを考えるとその方が効率的です。

しかし、コミュニケーション、イノベーションの観点から見るとどうか。いつも同じグループで、同じ時間に行って、同じ食事で帰ってくる。「食べる」という効率性を追求するとベストかもしれませんが、他部署の人、知らない人との出会いとか、コミュニケーションという観点で考えると、マイナスです。

「3年後、本当にこれやっているのかな？」と考える。「シフト制って、3年後、10年後やっているのかな？」と考えると、多分私はやってないと思います。

10年後も継続していたら、相当な期間のコミュニケーション、イノベーションロスが起きているではないかと。それが正しいということを証明するのは難しいですが、ただ「そういう方向だな」という戦略を信じて、他社をベンチマークする。実際に成功しているところや、失敗しているところに聞きに行く。

208

変えることは勇気がいりますが、「3年以内にはこれを変えよう」と戦略を立てたら、3年後にシフト制を変えるというのをセットして、そのための仕組み作りや仕掛け作り、「では、今年は何をやる？」、という話になる。社食ひとつを取っても、今のやり方が3年後同じかどうかは「？」ですよね。そこにチャレンジするのが戦略だと思うんです。

━━ 全部疑ってかかる

全部疑ってかかる。「本当にこれでいいのか？」と。聖域なしで。結果として、やってみて失敗するかもしれないですが、それは「失敗も仕方ない」という気持ちでチャレンジする。「変えよう」という気持ちは大切です。

賛同する人が半分、反対する人が半分でもいいんです。やってみる価値はある。やってみて、上手くいったら成功、「ちょっと難しい」と思えば戻ればいい。そういう戦略的なことには必ず失敗が伴うので、失敗を認めてくれる、「ナイストライ！」と言える風土があれば、どんどんチャレンジすればいいと思います。

日産の場合、すごく心地良いのは、やらせてくれる雰囲気があることです。1週間のトライなんて、失敗してもそんなに被害はない。戦略と失敗というのは、絶対セット。

今の仕事を戦略なしで継続するのは、いちばん楽ではありますが、管理総務になってしまう。変化がない、結果的に本当の失敗になってしまいます。戦略総務になるということは、失敗を覚悟の上で変えていくことです。

━━ 時代を読み解く方法

環境分析をするというのは大事です。AIの方向性だとか、人口減少など、そういう環境要因で10年、20年先を意識して3年先を考える。ベンチマーク先がなくても、世の中の環境の10年先を意識してそのテーマの3年先を考える。そういったことをやっていれば、大きく外すことはありません。「方向性はこっちだな」というのは環境変化を見たらわかります。そこをちゃんとキャッチできていれば、ベンチマークしなくても、ある程度の

プランは立てられると思います。

　ある意味、逆のことはやらない。例えば、会議の仕方は20年前と全然違っていませんか？　昔は8人とか10人の多人数の会議が多かった。それも2時間の会議。今は4人くらいで「ちょっと今5分いい？」。流れ的にはそうなっています。20年後を考えると、「今から昔に戻ることはないだろう」と。

　ですから、今からオフィスを作って、10人がけの会議室を10個作るかというと、作らない。同じスペースがあるなら、1個か2個におさえて、1to1とか2on1のブースとかを作るでしょう。会議の仕方が10年後、20年後どうなるかっていうのを想像しないと思いつかないですよね。それを確実なものにするためにベンチマークする。「あの企業もやっている」と。

　まず自分たちの戦略を信じ、それを確認するのがベンチマークでありユーザー満足度評価。私の中でベンチマークというのは、本当に確認のためだけです。大局観があって、方向性、戦略があって、「きっと同じだろうな」と思って、もし違ったらそこを修正しようというような感じです。ですから数多く行く必要はない。

■ 過去を振り返りながら、方向性を見定める

　世の中、常に進化していますから、過去に戻るということはありません。もちろん国や文化によって進む程度に違いはあるかもしれないですが、方向性は明らかです。

　例えば、働き方により選択肢がある、個人の生産性を上げるという方向性。今は個々の能力をどう引き出すかが重要であり、スタンダードをグローバルで押し付けるようなことを言っている会社は、私の知っている限りもうなくなりました。

　「スタンダード家具」とか「スタンダードデザイン」などが20年前に流行りましたが、今それを言っている会社は「怪しいぞ」と思った方がいい。「何のために？」と言ったら、「同じ家具で、同じ量産体制にしたらグローバルで家具の単価が下がるし、スチールケースと契約したら得」と答えるけれど、コストが下がるかもしれないが、生産性は上がるの？　と言った

瞬間に、「？」となりますよね。

　今はどちらかというと、ローカルごとのカルチャーを尊重して、よりそのローカルごとの特性を生かし生産性を上げるためのオフィスを考えるのが正解になっている。グローバルで最適なレイアウトとか、オフィスの考え方というのは、ローカルの社長からしたら押し付けられた環境で自分の社員を働かせることであり、たまったものじゃない。コストはいくら下がるかわからないけど、生産性が上がらないと意味がない。おのずとそういう方向性だなということは、いろんなところを見ていると見えてくる。だから、特定のベンチマークというよりは、むしろユーザー懇談会とか、「JFMA（公益社団法人日本ファシリティマネジメント協会）」や「FOSC（一般社団法人ファシリティ・オフィスサービス・コンソーシアム）」とか、そういうところに参加して、いろんなセミナーとか、いろんな人の話を聞いて大きな方向性を把握する方が理に適っています。

■ ローカル尊重

　日本の会社はローカル最適をもともとやっていた。ローカル任せというぐらいのレベルでした。だから世の中の大きな流れで言うと、グローバルスタンダードを推し進めていたアメリカ企業の方が焦っている気がします。

　もともと、ローカル最適というか、ある意味ゆるいガバナンスでローカルに任せていた日本の会社が、ほんの少しグローバルガバナンスを付けるくらいが、今の時代ちょうどいい。日本の企業にとってローカル尊重は、もともとやっていたので簡単なのです。アメリカの会社にローカル尊重と言ったら、権限を奪われることになるので、ヘッドクォーター（本社）からすると、なかなかしづらい。ローカルを尊重しながら手綱を引くのは、確かに難しい。「なんだ今さら」となる。

　しかし、もともと日本の会社は日本にリスペクトがあり、ローカルに対してコントロール機能をちょっと付ければいいだけなので、プライドを傷つけることなくできる。

　ある意味、スタンダード作りというのは、ローカルからすると言い訳に

なる。例えば、コーヒーをタダにするかという問題は、国ごとに違う。ローカル任せにしたから当然です。でも、やっぱり社員に対する会社の姿勢として、コーヒーだと飲めない人もいるから、紅茶やお茶、この3つくらいをどのフロアでも無料で飲めるようにする。

これはある意味会社のポリシー、姿勢です。それを受けるユーザーは、そういう姿勢を感じるものです。そういうことをできている国と、フロアにない、しかもお金を払わないと飲めない国もあって、バラバラ。その辺は、アメリカの会社だと、20年前にもうスタンダライズしてタダならタダ、払うなら払うとグローバルで決まっているケースが多い。

要はそういうことをコントロールできる状況に持っていけばいいのです。決めるかどうかは別にして、本社から何かいったら動くという体制だけ作っておけば、「コーヒーをタダにしようよ」と言ったら、みんな「そうだよね」と言って、「お金いくらかかる？」、「全体でいったらこれくらいかかるけど、メリットの方が大きいね」という判断になったら、「やりましょう」と一斉にドーンとできる。そういうのも本社主導でやってくれた方が、ローカルは助かります。

■ 戦略総務は面白い

グローバルでの共通のテーマは、絶対あります。会議室、コーヒー、きりがない。スペースの運用方法もそう。何％空席を作るかというのも結構面白いテーマ。会社によっては10％、20％、席数と実際に人が埋まっている割合、良い状況を保つ目標値が決まっているんです。

グローバルスタンダードの会社は、1000席あって900席埋まっている。それが950人になったら赤信号で、新しく席を増やさないとダメだと考える。そうすると対応できる。新しい席を急に50人席を用意してくれとなっても、対応できる。そういう管理の仕方をしないと、気がついたら席がいっぱいになっていて、いっぱいになっていることにも気づいていないとか……。これはもう全然戦略的じゃない。

何が来ても大丈夫な状態にするという、10％っていうことを合意するのが戦略的だと思います。証券会社だと20％なんですよ。変化が激しいか

らです。急にM&Aの部署とかで。それに対応するには20%確保しておかないと、空席がないとビジネスが止まってしまうんですね。だから20%を先に合意しておくっていうのが、戦略だと思いますね。

それをムダと言ってしまったら、それはコスト管理、管理総務になってしまう。「1000席あって800席しか埋まっていないのでムダだから、100席、150席返します」などは最悪の総務です。コストの発想。

「うちの会社は何席くらい空席がないとダメなんだ」っていうことを、ちゃんと説明できるのが戦略です。だから1個1個の具体事例でも、戦略か管理かハッキリしている。全部のテーマで言えるくらい、清掃の戦略はこう、管理はこうみたいな。1個1個のテーマに戦略と管理は両方存在する。

しかし、残念ながら全部管理的なことをやっているケースが多いのが実情です。それでは面白くない。本当に「戦略総務は面白い。管理総務はつまらない」と言い切ってもいいくらいです。自分の意志でコントロールできるから面白い。意志が入って、しかもそれを予測して。戦略総務は失敗もあるけど、面白い。管理総務はちゃんと仕事をやっているようだけど、つまらない。こんなつまらない仕事はないですよ。

でも、戦略的になった瞬間に、面白くなるし、楽しくなるし「この仕事やめられない！」ってなるわけです。3年後をイメージして仕事をやっていて、「やっぱりそうなった」となったときは、本当に嬉しいですよね。もちろん失敗もありますけど、7割方は成功するのではないかと思います。ちゃんと見ていれば勝率7割、それだけあれば充分変革ができていると思います。その代わり、2割、3割失敗したときにどうするかというプランB、プランCは持っておくことが必要です。

■ マーケティングの重要性

マーケティングも重要です。ベンチマークだけでは自信がつかないかもしれません。「どこかがやっていたから自分もやる」では心配です。やっぱり大局観とか全体観が必要なのです。

例えば今、シリコンバレーでは、Googleだけじゃなくて、ほとんどのIT

企業の社食が無料です。こういうファクトというのは、ちょっと調べたらわかる。マーケティングの世界ですよね。その理由を考える。お金があるからか？　やっぱりコミュニケーション活性化のため？　あとは競争。「あそこがやっているのに、うちがやらないのはマズイ」と火が付いている。「着火したな」という感触です。それは絶対飛び火するなと。

　そのイメージで「多分、日本もそのうち渋谷あたりのITの企業は、ビジネスサテライトあたりで社食がタダというニュースをやるだろうな」と。そこで予測感が生まれる。面白いですよね。

　そういうのを思っているだけではつまらないので、いろんなところで言うんです。「バカじゃないの？」という人もいるけど、刺さる人もいる。だんだん刺さる人が増えてきて、その方向に全体が動いていくかもしれない。だからなるべく海外とか、いろんな経験で感じたことを、セルフマーケティングではないですが、そういうふうに「こうなるだろうな」と思うことはなるべく発信しています。

━ リスクを取らないのが失敗

　ノーリスクは絶対、誰でもできます。

　例えば、働き方改革をするといったら、5000万円かかるとします。その5000万円を出すための効果が、本当に5000万円あるか証明せよと言われて、もし証明できたらみんなやりますよね。そこでリスクヘッジをしようとしたら、何もできない。だから5000万円かかるけど、自分はもっとそれ以上の成果が出ると自信があると、信じるしかないですよね。

　「証明せよ」は無理です。そこでどうしても証明したがる、ノーリスクテイクのカルチャーが業種によって偏りますよね。金融業はそこでテイクせよと。もし失敗したらこうしろ、ああしろというのはある。失敗を織り込み済みでやるというのが、リスクテイクの発想。ただ何をやるにしても、必ずヘッジは考えてやりますね。失敗することを前提にやるので。

　でも多くの総務は失敗を恐れ、安全策でやります。だからなかなか進むことができないのです。リスクテイクより言い訳を付ける。どうしても淡々と行う業務が多いから、急に「リスクテイクしろ」と言われても、「で

きません」となってしまいます。

　戦略総務にしたいなら、そういうリスクテイクができる人を混ぜ込んでチームを作らなければなりません。そうしないと、チームの中が、全体が停滞してしまいます。

　また、総務のトップ、総務部長が失敗を受け入れないとダメですよね。部長が逃げていたらもう何にもならない。日産は、私が来たことでそういうカルチャーはすぐ浸透すると思うんです。「もう失敗してもいいんだ」と。

　法令順守のもと、そのトライした理由というのは明確にして、勝てるチャンスがあったんだということはハッキリ言って、そこを納得してもらえれば、「なるほど、それも一理あるな」と思わせることができます。そのロジックはちゃんと持っておくということが大事です。そうすると誰が見ても「ナイストライ！」で終わります。「無謀なトライ」と言われなければいいと私は思います。

　そして、「何かあったら俺が謝るぞ」と。やっぱりリーダーが、そういうふうに持っていくしかないですよね。私は逆のことはできないんで、むしろ、そっちの方向に行くしかないんですけどね。

■ 「総務も変わらなきゃ」という全体感

　10年先を見据えて、3年後をちゃんと決めて、信じてやるというのを全スタッフにやらせれば、失敗しても「ナイストライ！」で終わります。そっちの方がやっていて楽しいと思います。アイデアもどんどん出てくると思います。

　戦略総務という言葉から受ける印象は、すごく頭が良くて戦略性があって、まさに戦略という言葉通り綿密に計画してと思われがちですが、全く逆だと思っています。

　そうではなく、やっぱり信じたことをやる、失敗したら仕方ない、それが戦略だと思います。ただ、信じるために、世の中の情報とか動きとか、全体感というのは絶対ブレちゃいけない。そこに説得性がないと「お前、時代が違うだろ」と言われたら終わってしまいます。それは世の中を見ていればわかると思います。「じゃ、3年後これをやりましょう」と合意して、

215

それをやらせてもらえれば、面白いです。

　戦略型の、アイデア創出型の組織にするために、各自100%現業に追われてしまっているので、3～4割くらいは先のワークをしようということを部内で言っています。そうすると全体的に底上げできる。

　大事なのはみんなが「そうだね」と思う方向性と、3～5年の期限をつけるということ。こういう業務を3～4割やりながら、6～7割は日常業務をこなすようなイメージです。

　冒頭に述べましたが、マネジメントレベルはその逆ですね。未来のことを7割やって、現業は3割くらいにおさえたいところです。未来のこととは、メンバーの未来のことを作るというイメージです。

　7割はいろんなところに行って話を聞いたり、話をしたり。ただ単に、仕事がヒマだから外部のセミナーに出ているとか、そういうのとはちょっと違うわけです。戦略を立てるために、いろんな状況を確認するというか。マネジメントの半分以上はそういうことに費やすべきなのではないかと思います。特に、国やグローバルを見るマネジメントはそうだと思います。

第**5**章

これからの戦略総務に
求められる7つの力

1. 気づく力

改善ネタを探し、リスクに敏感となる気づく力

━━ スタッフの3つの仕事

総務のみならず、スタッフ部門の仕事は大きく3つの種類がある。

①新たな施策の導入
②既存の施策の改善
③既存の施策の廃止

そして、この3つの方策に必要なのが気づく力である。

新たな気づきにより、足りない施策を見つけ、新たな施策として企画し、実施していく。既存の施策の悪いところ、足りないところを見つけ、改善していく。既存の施策の不必要な部分に気づき、廃止していく。何らかの気づきにより総務の仕事は進んでいく。

では、この気づく力を向上させるにはどうしたらいいのだろうか。

━━ 他との比較での気づき

1つ目の方法として、**他との比較により気づく、というものがある。**自社と他社との比較、最新サービスと自社の状況との比較など、他と自社との比較において、足りない部分、過剰な部分、おかしな部分に気づくというものがある。

気づきには物差しが必要である。その物差しを他社事例や最新サービスなどに置くケースは多いと思う。他社事例のベストプラクティスを頭に入れながら自社を見渡してみる。最新サービスの情報を頭に入れながら自社の状況を見てみる。それにより気づく部分は多いだろう。新たに取り入れるもの、改善した方がいいものに気づく。

自社の状況だけしか物差しがないと、気づきようがない。積極的に外に

第 5 章　これからの戦略総務に求められる 7 つの力

出る、積極的に他社と交流を図るという意図はここにある。自らの物差し
を高い位置に引き上げないと、気づきようがない。内向き志向の総務で
は、気づく力も身に付かない。

■ 感覚との比較での気づき

　もう 1 つの物差しは、**一般社会常識、市民感覚など自らの感覚との比較
である。**

「会社の常識は、社会の非常識」という言葉があるくらい、会社至上主義
に陥ると、社会常識と社員の意識がかい離してくる。会社に良かれと思っ
て取った行動が、社会に害をもたらすというケースがある。

　過去の「安かろう、悪かろう」、「売らんかな」精神がその 1 つである。あ
るいは、高度成長期時代の公害問題がそうである。今は環境問題しかり、
地域社会との関係しかり、働き方しかり、社会からの企業を見る目は厳し
い。SNS によって、あっという間に情報が拡散し、不買運動につながる
ケースもある。企業活動をしていく上では、社会常識とのかい離は死活問
題となる。

　ただ、現場ではどうしても個別最適の視点に陥り、企業至上主義の活動
のリスクがある。そこを総務として、社会目線でもって見渡し、一般市民
としての感覚を通じて、「あれ？　おかしくないかな？」という気づきを得
るべきなのだ。一般市民としての感覚と相いれない状況にいち早く気づく
べきなのだ。

　リスク管理の要諦は初期段階での対応である。この市民感覚での気づき
はそれに通じる。大きな問題となったら、誰もが気づく。総務としては、
誰も気づかないうちに気づく、これが要求される。

　そのためにも、内向き志向に陥らず、積極的に社外との接点を作り、対
話し、社会常識と常に触れ合う必要がある。

　社内どっぷり、総務どっぷりではなく、むしろ社外どっぷりの意識を持
ち、社会目線を維持し、その目線で社内と向き合う、現場と対話すること
が、リスク管理的な意味での気づきである。

219

違和感という気づき

　さらにもう1つは、**違和感という気づきである。**先の社会目線もある意味、この違和感である。何か違うんじゃないか、何かおかしいんじゃないか、それを感じる力、直観である。

　現場からの依頼に対して、そもそも本質的な課題ではないという違和感を持つケース。現場からの説明に、どことなくつじつまが合わない違和感。自ら企画している施策に対して、ふと感じる違和感。この違和感が総務にとって大切である。何か違う、腹落ちしない、このままでは何かが起こる予感がする。この違和感という気づきは、関係者目線で考えられるかどうかがポイントである。

　総務での仕事は、ほとんどの場合、様々な部署や社員に関係するものが多い。全ての関係者目線で考え、対応していくことが大事である。現場からの依頼は往々にして、その部署目線のみで語られることが多い。現場は現場の個別最適でしか考えられないのは、ある意味、仕方ない。普段から全社目線で仕事をしていることが少ないからだ。

　だが総務としては、常に全社目線、全社最適で仕事をしているはずだ。瞬時に関係する人を把握し、その目線で考え、落としどころを探っていく。この仕事の積み重ねが、違和感につながる。

　なので、この違和感に気づくためには、総務の仕事に関係する人とのコミュニケーションが必要である。その人の考え方、置かれた立場、課題感を把握しておく。それを前提とした目線で考えた場合どうなのか、そこに違和感がないかを気づくのである。

　物差しを得たとしても、目の前の事象に対して、素通りしていては気づきようがない。気づきを得るには、いったん立ち止まり、冷静に物事を見る、ということが大前提にある。目の前の仕事に忙殺されては、改善ネタが目の前にあっても気づけない。

2. イメージする力

頭の中で具体化し、施策を検証し、リスクを想定する力

■ 頭の中で瞬時に検証する

気づく力が課題の発見に必要な力であれば、**イメージする力は具体的な施策を検証する力である。**

頭の中に具体的な映像を作り出し、検証していく。社内イベントを企画するのであれば、開場から撤収まで、参加者がどのように入場し、着席し、合間合間での休憩ではどのように動くのか。その際にスタッフは、どこに配置して、どのような役割が必要となるのか。そのような具体的な動きを頭の中で映像とともに流していく。その映像の中で課題を見つけていく。

戦略総務の仕事は変えることである。新たな施策を導入して変える。現状の施策を改善して変える。その「変える」において、果たして問題はないのか、上手くいくのか、社員に負担を与えないかなど、様々な点について検証していく。

動いてみて結果を見ながら軌道修正という手もある。変化が激しい「VUCA時代」においては、俊敏に、すぐに動く必要があり、悠長にあれやこれやと考えている暇はない。

しかし、導入後のエラーを最小限に抑えることもまた必要である。なので、このイメージする力を身に付け、瞬時に頭の中で検証できれば、そのエラーも最小限に抑えることが可能である。「VUCA時代」においては、このイメージする力、素早く映像化できる力が必要となってくる。

■ 現場に出向き素材を集める

映像化には当然素材が必要となる。ここでも、「MBWA（Management By Walking Around）」、「ぶらぶら総務」が大事となる。日頃から現場の空気感をつかんでおかないと、映像化は難しい。現場社員になり切り、その現場での動きをイメージするからだ。

気づく力で記した社員目線もさることながら、**具体的な「リアルな場」としての映像素材も必要である。なので現場に足しげく通うことが大切となる。**机の上でいくらイメージしても、正確な会場映像が頭になければ、具体的なイメージは難しい。

映像素材の収集の必要性もさることながら、大事なのは、現場で考えることである。オフィス移転では、図面とにらめっこをしてイメージするのではなく、実際に現場に出向き、その中で、自ら動き、見て考えることが大事である。現場で考えることで見えてくることも多い、気づくことも多い。時間がある限り現場でイメージすることが大事である。

イメージには、その場、その瞬間でのイメージもさることながら、時間の経過に伴う変化のイメージも必要となる。何かの設置、その利用状態のイメージは、設置した瞬間の状況と、上手に使い始めるまでのイメージがまず必要となる。

このような導入に際してのイメージもさることながら、導入後のイメージも必要となる。物理的な検証だけではなく、ランニングに伴うイメージ、検証である。使用量のシュミレーションであり、それによるランニング費用の検証である。

■ 自社の理解と仕事のつながりの把握

イメージ力が問われるのは、リスク管理である。自社においてどのようなリスクが、どのように生じるのか、そのイメージである。本社の直下が震源だった場合、どのような被害が生じるのか、その際、どのような手が打てるのか、何が必要となってくるのかなど、これこそ具体的な被害イメージが描けなければ、打つ手が見えてこない。対策も立案しようがない。

精緻な対策を立てるには、前提として、自社のことをしっかりと把握していることが必要となる。自社の設備、インフラ状況、現場での働き方、すでに取られている対策など、全ての情報を収集し、それを組み合わせて考えていく。

イメージする力には、関係性の理解も必要となる。Aが動けばBとな

る、Cが足りないとDも動かない、そんなつながりの理解である。企業は
ある意味で生き物であり、その動きが円滑に進むようにするのが総務の仕
事でもある。なので日頃から時間があれば、このつながりを押さえておく
とよい。

　そこで問題となるのか、総務のタコツボ化現象である。何もなければ、
自らの仕事だけを理解し、その仕事だけをしておけば問題ないが、いざト
ラブルが起きると、仕事間のつながりが問題となる。ここでも総務の仕事
の可視化が必要となる。誰がどんな仕事を、どのようにしているか、その
ような可視化とともに、仕事間のつながりの可視化もぜひしておきたい。

　本題のイメージする場合においての必要性もさることながら、つながり
を可視化することで、仕事の重複が見えてきたり、バイパスが見えて、仕
事の簡略化も可能となる。

　再三記してきた「VUCA時代」においては、総務の総合力が問われる。
何が起こるかわからない時代においては、それぞれが担当している仕事を
把握し、そのどれかで対応する瞬時の判断が問われる。その際もイメージ
する力が必要となる。誰が対応すればなんとかなるか、総務の仕事の全体
像とのつながりが理解できているからこそ、そのイメージも具体的とな
り、正確なものとなる。

　攻めの総務にも守りの総務にも必要なイメージする力。**その根底には、
自社の理解と総務と全社とのつながりの理解が必要となる。**このイメージ
する力に必要な素材をまずは収集、理解することから始める必要がある。

3. やり切る力

他部門の目と部内の協力で戦略総務を実現する力

■ 総務発案の仕事をやり切る力

総務で結果を出すとしたら、このやり切る力、続ける力が必要となる。

総務では、新しい取り組みが往々にして途中で頓挫し、フェードアウトすることが多いものだ。特に、戦略総務として総務が企画し、主導となってやるべきことに多いように思う。

一方、戦略総務の対義語、言われてやる総務として行う仕事、現場からの依頼事項は、依頼者がいることもあり、最後までやり切ることになる。戦略総務的な仕事は続けられずに、言われてやる仕事は続けられる。なんとも残念な事実である。

大きな違いは、その仕事の結果を待っている人がいるかどうかである。言われてやる仕事は、その仕事の依頼者が、その仕事の完了を待っている。戦略総務的な仕事は、総務による発案なので、必ずしも、その完了を待っている人が、期待して待っている人が、いないこともある。悲しいかな、人は相当モチベーションが高くないと、自らの意思だけでは仕事が続かない。

ではどうするか？

■ 総務の思いと活動を全社にPRする

総務として企画し、行うものを、その都度、全社に向けてPRするのである。誰も知らないまま始める仕事は、途中でやめても誰もわからないし、困らない。総務で実行すると決めた仕事を、社内報、あるいは総務独自のメディアを作り、そこで公開していく。

企画した背景、実施後のあるべき姿とその効果、途中のマイルストーンも含めたロードマップ。これらを公開することで、社内の期待をあおり、さらに自らにプレッシャーをかける。主要な経営会議でも総務部長が報告

する。そのような部外の目線にさらされることで、ある意味、やらざるを得ない状況に自らを追い込むのである。

全国総務部門アンケート、総務の課題第1位、「業務の明確化と効率化」。この明確化には全社における総務の仕事の明確化が含まれると解説した（24ページ参照）。総務が何をしているかを知ってほしい、知らせたい、そのような課題があると紹介した。まさに、総務の動きの公表は、その課題解決に結び付くのである。

全ての業務を明示せよ、というわけではない。戦略総務として、会社を変える、インパクトの大きい仕事から公表していくのである。

その際、大事となるのは、総務の考え方、総務の部門方針などの、総務の方向性、思いである。会社を良くしたい、会社の成功に貢献したい、そのような思いがベースにあるということを、毎回明示し、総務への理解を促す。その延長線上に今回の取り組みがあるということを示す。総務の軸についての理解を、じわじわと浸透させていくのである。

総務の方向性が理解できれば、各論での仕事の理解も、背景が理解されているので、協力も得やすくなる。また、やるべき方向性が理解できれば、アドバイスや応援も含め、いろいろな意見を現場も言いやすくなる。結果、総務も現場に即した活動に軌道修正することができる。

何をしているかわからないがゆえに、期待もされないし、評価もされない。意見も言われない。**総務の思いと活動をオープンにすることで、良い意味で、社内からのプレッシャーにさらされ、総務メンバーのモチベーションも向上するものだ。**

■ 部内を巻き込みながらやり切る力を持続させる

部外に総務の動きを公表しつつ、部内でも多くの人数がかかわるような仕組みが望ましい。チームとして対応し、チームとして評価される仕組みである。1人で黙々と対応するより、複数人の方が、アイデアも湧いてくるだろうし、チームとして評価されるのであれば、1人足を引っ張ることもできない。また、お互いの仕事の進め方も参考になるだろうし、刺激にもなる。

先に記した、総務の課題である、仕事の明確化と効率化。部門内の仕事の明確化も課題となっている。誰が何をしているかがわからない、部門内においてのタコツボ化が、総務の生産性と効率化を阻害している。複数人で対応することにより、総務として多能工化も進めることができる。

　総務の仕事は季節的な仕事も多く、持っている担当により、忙しかったり、ぽっかりと暇になることもある。多能工化することで、その波を吸収することができる。忙しい時期に合わせて人数をそろえることは、今の時代あり得ない。誰でもがどのような仕事にも対応できるようにしておくことで、安定した人数で、随時対応できる状態を作っておくのだ。

　さらに、お互いの仕事の仕方を見ることは、効率化にもつながる。仕事をマスターしようと思えば、その仕事の目的を理解しようとするだろうし、その目的に対して、今のやり方が最短距離で進められているのかを、改めて他人が検証する機会ともなるからだ。

　多能工化となると、お互いの持ち分が増えることにもなり、ムダな仕事をしている暇はない。それぞれがかかわる仕事の効率化をしていかないと、全員に負荷がかかることになる。1人で対応する分には、その人に負荷が集中するが、多能工化することにより、かかわる全員に相応の負荷がかかるので、効率化のドライブがかかる。

　総務でのやり切る力は、個々人のモチベーションや成長意欲に左右されるので、それを**組織として、安定したやり切る力としていくには、上記のような、部門外への公表と、部門内での巻き込みが有効である。**

4．巻き込む力

強固な信念を持ち、共感を得ながら周囲を巻き込み進める力

━━ 社内外の関係者を巻き込み、仕事を進める

　先に記した、やり切る力にも関係するが、総務で仕事をしていくには、その仕事に関係する人を巻き込む力が必要となる。巻き込む相手は、部門内の総務メンバーであり、他部門の現場社員、利用者であり、時として経営層であり、また協力してもらう外部のビジネス・パートナーである。

　繰り返すが、総務の仕事は、全社にかかわることが多いし、1人で完結するものは少ない。なので、この巻き込む力を身に付けておかないと、成果が上げられない。特に、総務主導で進める戦略総務的な仕事では、この力がその成否を左右する。

　言われてやる仕事であれば、課題が顕在化しており、すぐに進めることができる。しかし、戦略総務的な仕事は、総務が主導で行う仕事であり、まずは自らで課題を見つけることから始まる。

　また、会社を変えていく大きな仕事は、当然ながらコストも時間も、総務のリソースも必要となる。総務部長のみならず、経営も巻き込みながら進めていかないと実施することができない。また、経営のお墨付きもその後の進める段階では必要となる。

　さらに、経営者としても現場の社員の状況は気になるところ。事前に現場社員へのヒアリング、状況把握は、経営者を口説き落とすためにも必要である。また、有力なビジネス・パートナーにも、積極的にかかわってもらい、最新、最高のサポートを得なければならない。このように、**社内外の人たちを巻き込みながら仕事を進めていく構図が総務では必要となる。**

━━ シンプルな目的とホットなマインドで仕事を進める

　では巻き込む原動力には何が必要なのだろうか。巻き込まれる側から考えると、共感できると巻き込まれてしまうのではないだろうか？　やろう

としていることの意味が理解でき、その思いに触れ、共感できると応援もしたくなるし、協力もしたくなる。結果、巻き込まれてしまっているのではないだろうか？

　なので、テクニカルなことより、その仕事を進めていこうとする熱い思い、その熱量が大切である。熱量とともに、やろうとしていることのわかりやすさ、シンプルさも大事である。そもそも何がしたいのか、その点についてのわかりやすさが人を引き付ける。**シンプルな目的であり、ホットなマインドが共感を呼ぶのだ。**

　是か非でも実現したいという思いで、上司に説明し、経営者を説得し、共感を得て進めていく。何かあれば援護射撃をお願いする。公の場で、発言してもらう。また、現場へは、目的が会社を良くすることであり、たとえ面倒なことをお願いするにしても、最後は社員、会社のためになると、そのようなことで巻き込んでいく。

　この社員、会社のためという前提のために、現場への事前ヒアリングが必要となる。状況を把握するとともに、そのヒアリングを通じて、現場と多くのコミュニケーションを行うことで、その真剣さが伝わり、巻き込むことができる。意見をいただく、アドバイスをもらう。総務のやろうとしていることに参加している、そのような思いを持たせて巻き込んでいく。そうなれば、施策実行後も、あからさまな反対はしないものである。

■ 情報提供によりプロからのアドバイスを得る

　外部のビジネス・パートナーを巻き込むには、どれだけこちらの情報を提供するかにかかっている。こちらから指名でモノを購入するというアクションだけではなく、その目的から、あるべき姿、期待する効果も含めて、**企画段階から情報提供し、プロとしての見地からアドバイスをもらうようにする。**

　相手も人間であり、パートナーとして遇してもらえれば、期待以上のパフォーマンスを提示してくれるはずである。計画の全体像を提示することで、こちらで想定していたものよりはるかに素晴らしい提案になるケースもある。また、実施後の経過報告をしていくことにより、手厚いサポート

第5章　これからの戦略総務に求められる7つの力

も期待できる。

■ 相応の自覚と覚悟で巻き込んでいく

　巻き込む際の大事な点は、主導権をしっかりと握っておくことである。言い換えれば、軸を持って、しっかりと判断する、そのような態度を示していくことである。ぶれぶれだと、巻き込まれる側も不安である。軸が定まり、方向性が明確であると、人は安心して巻き込まれていく。

　どこに向かうかわからない、不安定な船には乗りたくない。自らが船長として、頑丈な思いのもと、明確な目的に向かって進んでいる、そのような態度で巻き込むことが大事である。協力したのにハシゴがはずされてはたまったものではない。

　最終判断は自分がするという安定感を見せておかないと、自由に発言もできない。言ったことに責任を取らせるようでは、安心して発言もできない。**巻き込むにはそれ相応の自覚と覚悟が必要なのである。**

■ 強固な信念を日頃から養う必要性

　となると、自分がやろうとしていることに対して、どれだけ自分を信じ切れるかということになる。ぶれない信念を持てるかが重要である。どこまで考え抜き、意志を持って貫けるか。

　日頃から、総務として、自分として、総務の仕事をする上での軸を固めておくことが大事となる。

229

5. コミュニケーションする力

課題を聞き出し施策を伝える、仕事のベースとなる基礎能力

■ コミュニケーションが必須の総務の仕事

　総務の仕事は、相手の状況を把握し、それにふさわしい施策を企画し、理解してもらい、行動してもらうことが基本となる。結果、総務では的確なコミュニケーションができなくては仕事が成り立たない。**総務の仕事はコミュニケーションそのものと言っても過言ではない。**

　ここで言うコミュニケーションの意味とは、知る、伝えるという一般的なものから、信頼感の構築までも含む。そして、コミュニケーションの質を高めるコミュニケーションの量という問題もある。

■ 経営の方向性を知り現場の空気感を知る

　経営者が何を考え、現場がどのような状況にあるのかを把握するには、まずは聴くことから始まる。「聞く」ではない「聴く」である。**その真意や背景までも見抜くという意味での「聴く」である。**

　経営者の考えと異なる施策では、そもそも決裁してもらえない。経営者が何を考え、会社がどのような方向に向かっていこうとしているのかを把握できないと、総務の軸も定まらない。大きな課題ほど、経営者のコミットが必要となる。経営者を味方に付けるテクニックも総務には必須である。

　また、現場の空気感、状況、課題感を把握できないと、無理な施策となってしまうこともある。総務のオーナーである経営者の意向に沿ってはいても、総務のユーザーの理解がないと、総務では施策を進めにくい。

　現場社員に腹落ちしてもらえるようなロジックの構築のために、現場社員に行動のイメージがつくような指示が出せるようになるまで現場を知る、ということは総務には大事なことである。極論すると、実際に現場の仕事を総務も経験してみることだ。現場に視察にいったところで、映像と

しては理解できても、どのような感情を持つかまでは理解することができないからだ。

■ 相手の立場になり切り目線を合わせる

「コミュニケーションは受け手により成立する」、という厳然たる大原則がある。つまり、コミュニケーションをしようとする者、つまり情報や意思の発信者がいくら頑張ったとしても、その受け手が「わからない」と言った瞬間に、今までの動きは全て水泡に帰す、という大原則である。コミュニケーションは受け手が全てを握っている、ということになる。

そのためにも、相手目線に立つ、どこまで相手の立場になり切れるかが、コミュニケーションを取ろうとする場合、大変重要となってくる。相手が理解、腹落ちしてくれないことにはコミュニケーションは成立しないのだ。

なので、伝えるというフェーズより、まずは聴くフェーズが非常に大切なのである。広報の世界でも、**広報（伝える、発信する）よりも、広聴（聴く、理解する）が先である**と教えられるのはそのためだ。

■ コミュニケーションの量を増やし質を高める

さらに、聴くというフェーズにおいても、本音を聴けているか、という問題もある。つまり、相手との信頼感が醸成できていないと、本音まで語ってくれることはない。

聴くというフェーズにおいても段階がある。コミュニケーションの質と量という問題である。

つまり、コミュニケーションの質を高める（本音で話す）には、コミュニケーションの量が大事となってくる。たわいのない雑談から、相手の人となりを知り、仲良くなり、信頼され、本音が語られ始める。メール全盛の時代において、相手とのリアルの会話が必要とされるのは、この量が大事だからである。

オフィスの構築においても、リフレッシュルームやコミュニケーションポイント、マグネットポイントを構築する理由もここにある。そして、い

まだに「飲みニケーション」が重要視されるのも同様である。

相手が何者かわからない状態で本音は語られない。また、自己開示してくれる相手でないと自分も自己開示はしない。**何気ない会話の量を増やして質を高めていかないと、「聴く」という状態には到達できない。**

さらに、こちらから向かうコミュニケーションもあれば、相手から寄ってくるコミュニケーションもある。としたら、話しやすい雰囲気や、誠実な応対、応対したら必ずフィード・バックする、という基本も忘れてはならない。

話したのに横柄な態度をされた、伝えたのに何もしてくれない、どうなったのかフィード・バックされない、では、二度と話しに来てはくれないだろう。日頃の何気ない態度が、その後のコミュニケーションの成立に大きな影響を与えることを知っておくべきだ。

■ 総務と現場社員の間の温度感の違いを知る

伝えるフェーズでは、先述した、相手目線でのコミュニケーションを常に意識したい。総務と現場社員との間には、意識の大きなかい離が必ず存在する。

総務は問題意識を持って課題に取り組み、最新情報や専門知識を持って仕事をしている。その頭で現場社員に伝えたところで、そもそもの温度感が違う中で、伝わるわけがない。そもそも理解もされないかもしれない。**相手の情報リテラシー、前提知識の状況に合わせて伝えようとしないと、先述したコミュニケーションの大原則「コミュニケーションは受け手により成立する」が大きな壁となって立ちはだかる。**

さらに、個々の社員によってもその差は大きい。どれだけ個々人を把握できるか、どれだけ個々人に寄り添えるか、「個の把握と個の理解」が大事となってくる。特に、働き方改革や健康経営においては、個々人のライフスタイル、それに伴うワークスタイルに寄り添っていく必要があるからだ。ますます総務のコミュニケーション能力が問われる時代となっているのだ。

6. ファシリテーションする力

引き出し、導き、合意を促す、課題解決のための力

■ 戦略総務は全社を相手にする仕事

ファシリテーションとは、前の項目のコミュニケーションの一部の側面でもある。ここでの意味は、**引き出す力、導く力、集団間での合意を導く力となる**。繰り返すが、総務の仕事は、多くの関係者とかかわりながら行うことが多い。むしろそのような仕事のスタイルでないと、大きなテーマは成し得ない。

戦略総務の対義語、言われてやる総務が、目の前の個々の社員の応対、1対1の応対であれば、戦略総務は、1対多、総務が中心となり、会社、全社員を相手にする仕事である。そういう意味からも、戦略総務としてはこのファシリテーションする力はぜひとも身に付けたい力である。

■ 本音を引き出し、真の課題を探る

引き出す力とは、「コミュニケーションする力」の項でも触れたように、本音を引き出す力に他ならない。本音まで触れられず、真の課題にたどり着かないで企画した施策では、真の解決に結び付かない。**情報収集、状況把握の段階で、本音、真の課題まで到達する必要があるのだ。**

前提としては信頼関係が必要となる。日頃からのコミュニケーションが大事となる。そのベースがある中で、ファシリテーションの段階、引き出すというフェーズになると、総務のスタンスが大事となる。

つまり、現場社員のために総務は仕事をしている、あなたの立場に立ち、一緒に課題を解決していきますよ、というスタンスで、現場社員寄りの姿勢で課題を「吐き出させる」ことが大事である。後で、「実は、こんなことも困っていてね」などと言われても、後戻りできない。最初に全て、困っていること、顕在化している課題のみならず、潜在的な課題も全て「吐き出させる」。

233

そしてそれを、とにかく聴く。途中で反論しては、そこで本音が閉ざされてしまう。専門家に一言釘を刺されたら、それ以降は言いにくいものだ。ただ、相手は現場社員、その課題について素人という場合がある。課題に気づいていない場合もあるので、その場合は、「ここはどうですか？」、「これ大丈夫ですか？」というように誘い水を差し向ける。

総務としては経験値から、きっとここに課題があるはず、というケースもある。その場合に、相手に気づきを与えつつ、核心に迫っていく。そのようにして引き出していくのだ。途中でさえぎらず、手助けをしつつ、真の課題を見つけ出す力である。

■ 現場社員寄りのスタンスで信頼感を醸成する

課題を引き出しつつ、解決策も模索していく。解決策は実際に利用する現場社員にイメージしてもらいつつ検証していく。

ここからが導く力である。「このようにしたらどうでしょうか？」。あくまでも相手目線に立ち、相手がイメージできるように説明する。人はイメージできないものについては、理解できない。理解できなければ納得することはない。そもそもわからないのだから、納得もなにもない。現場の状況に立脚してイメージが持てるような描写が必要である。「コミュニケーションする力」の項で説明した、現場の把握がここでも必要となるのだ。

本質的な課題解決に到達するためには、「そもそも、どうなるといいですか？」という導き方が重要である。何も制約を設けずに、理想の状態を描いてもらい、そこにいかに到達できるかを、双方で考えていく。

できない理由を探すのではなく、どうしたらできるかを、「一緒に」なって探していく。その導き方が、信頼感をさらに醸成していくことになる。

そこまでの信頼感ができてくると、現場社員の譲歩も引き出しやすい。あからさまな反論は最悪であり、信頼関係がない状態で譲歩を引き出すのも難しい。現場社員寄りのスタンスに立ち、相手の状況もしっかりと把握して、一緒に解決策を考えていく、というスタンスを現場社員に感じてもらえれば、「ここまでこうしてもらえると、これは可能です」ということで理解してもらいやすくなる。

ここでのファシリテーションする力は、ある意味では姿勢の問題である。どこまで寄り添って仕事をしているかを感じてもらい、引き出し、導いていくのだ。

■ 素人と専門家の間に立ち、同時通訳していく

総務が仕事をする上で、立場の違う人たちとチームを組んで仕事をするケースも多いものだ。社内のメンバーと社外の専門家とのチームである場合も、オフィス移転の際は数多く存在する。その場合、総務に必要なのが、立場が異なる関係者の合意を得る力である。

特に必要となるのが、通訳機能である。往々にして専門家は専門用語を駆使してコミュニケーションをしてくる。素人の社内メンバーは理解できない。そこを総務が通訳してあげるのだ。

先述した現場社員寄りのスタンスを取りつつ、専門用語を通訳していく。会議の場だと同時通訳が必要な場合もある。同時通訳しつつ、外部専門家には、プロとしての最大のパフォーマンスを発揮してもらうように、あらゆる可能性に迫っていく。会社として要求していることを100％実現できるように、厳しく迫っていく。

そこはあくまで、業者ではなく、プロとして、パートナーとしてリスペクトしつつ、そのプロとしての力量を最大限引き出す。専門家は往々にして、制約を設けては、できない理由を探し出す。そこは、「こうすればできませんか？」。総務としては、素人感覚を持ちつつ、何の制約もないという前提で、可能性を引き出すのである。

ファシリテーションする力を駆使して、真の課題とその解決策を見つけ、それに対応すべく外部の力を最大限引き出す。難しい課題が山積する総務にはなくてはならない力である。

7. インテリジェンスする力

外部ネットワークを使い、的確な判断を容易にする力

VUCA時代に必須の判断材料の収集と作成

　戦略総務の大きなテーマ、環境適応。このために必須の力がインテリジェンスする力である。インテリジェンスとは、なにもスパイ活動を推奨することではない。もちろん諜報活動を意味しているものでもない。

　インテリジェンスとは、判断する材料、決断する情報を作成することである。企業が「VUCA時代」を切り抜け、激しい環境下において企業継続していくには、この時代をいかに読み、時代の流れをつかみ、それに基づき経営判断していくことが必要となる。その大元の情報、判断材料を作成する力をインテリジェンスする力と言うのだ。

時代の流れと変化をつかみ取る

　そのインテリジェンスする力をなぜ総務が持つ必要があるのか。総務は仕事柄外部との接点が多く、専門家やビジネス・パートナー、業界団体、地域社会など様々である。**そのような接点から時代の流れ、変化をつかみ取るのである。**

　また、当然ながらリスク管理も総務の管轄であり、リスク管理の要諦は、変化の察知である。変化、リスクの予兆をいち早く把握して、大事に至る前にリスクを摘み取る。その意味でも、情報収集には長けている組織のはずである。その延長線上にインテリジェンスする力が存在する。

自らの価値も高めつつ接点を増やしていく

　インテリジェンスする力を分解すると、情報収集能力、自社に置き換える能力、具体的な施策に落とし込む能力に分けられる。

　最初の情報収集能力は、どれだけの接点があるかにかかってくる。収集先が多ければ多いほど、集める手立てが増えるのは当然のことである。総

第5章　これからの戦略総務に求められる7つの力

務としては、この接点を増やす努力が必要だ。専門家との接点、サプライ
ヤーやベンダーなどのビジネス・パートナー、異業種の総務人脈。直近の
課題に結び付かなくとも、出会えるチャンスがあるのであれば、積極的に
出向き、接点を作る。

　大事なことは、相手も接点を増やしたいと思っているということであ
る。とすると、相手の立場に立った時に、こちら側が相手の接点として相
応しい「何か」を持っているかがポイントとなる。

　正直、こちらに利用価値がないとなると、相手は継続して接点を持とう
としてくれない。こちらから提供できる情報がないと、「Win-Win」の関
係としては成立しない。接点を増やそうとすると、自らの社外での情報価
値を高める努力も、一方では必要となる。

　防災の知識が豊富である、業界の知識が豊富である。あるいは、異業種
の総務人脈がすごいなど、**接点作りもさることながら、自らの社外価値の
向上にも努めたい。**

■ 問題意識を常時持ちつつ情報に触れていく

　接点ができたのであれば、自らの課題感を伝えておくようにする。この
ような課題を抱えている、このような情報がほしい、この点を常に気にし
ている。そのような興味の範囲を伝えておく。

　相手にそれがインプットされ、良好な継続関係にあるのであれば、その
情報に触れた際に提供してもらえる可能性がある。なので、自らの情報
ネットワークは、定期的なメンテナンスが必要となる。

　当然ながら、自らは必要な情報分野、問題意識を常に頭に置いておくべ
きである。常に問題意識を抱えていると、それが無意識下でも存在するこ
とになり、意識していなくても、その課題に関する情報に接すると、自動
的に意識のスイッチが入り、はっと気づくことができる。異なる分野の本
を読んでいても、「これ使える！」という気づきが得られる。**問題意識を常
に持つことが重要である。**

237

自社を知ることで、自社に置き換え、考える

　得た情報は、次に自社に置き換えなければ意味がない。自社にとってそれがどのような影響を与えるのかがイメージできる力とも言える。そうなると、どうしても自社のことを知っておく必要がある。自社を知ることで、アンテナの感度が向上し、アンテナの幅が広がる。自社の継続のための情報が必要なわけであるから、その網にかかる情報が必要となる。

　インテリジェンスする力をつけるには、この自社を知る、という側面が重要となる。 結局、孫子の言う「彼れを知り己れを知れば百戦して殆（あや）うからず」ということに行き着く。企業間競争が戦いであるならば、まさにその通りである。

情報ネットワークの多様化がインテリジェンス能力を高める

　アンテナに引っかかった情報、それを自社に置き換え、対応しなければリスクが生じる。この段階で経営やしかるべき部署にてインテリジェンスとして提供する。インテリジェンスする力を、それを作成して提供するまでとするならばここで任務完了ではあるが、さらに一歩進んで、戦略総務としては、その対応策も提示していきたい。

　「このようなリスクが生じる可能性がある、ひいてはこの対応策として3つあります」。このような感じで、経営としては対応策を選ぶだけで済むレベルまでおぜん立てをしていく。

　結局、「VUCA時代」において生じる脅威は、多くのところ総務が対応することになる。だとしたら、先にその対応策まで考えてしまうのだ。対応策を考える上で、先の情報ネットワークが一役買うことになる。情報収集先でもありながら、解決策の検討段階においても活用できるようなネットワークが必要となる。

　総務においてもインテリジェンスする力は、情報加工能力もさることながら、**この情報ネットワーク、人脈作りがその本質となるのである。**

おわりに

「総務が変われば、会社が変わる」
　この言葉を実現するための、戦略総務のあり方について、様々な角度から筆を進めてきた。
　最後までお読みいただき、ありがとうございました。

　戦略総務を実践している、日々の取材で出会う数多くの総務のプロは、「変える」ことを自らのミッションとして、それぞれの持ち場で活躍している。圧倒的な当事者意識を持ち、所属する会社をより良いものにするために、日夜チャレンジしている。そして、成果を出し、評価され、さらにチャレンジを続けていく。その繰り返しの中で、会社を変え続けている。

　総務のプロとして、チャレンジすることで、総務が変わり、会社が変わる。
　そして総務のプロも、成長し、進化し、変わっていく。
　会社を変える戦略総務を実践することで、自らを進化させているのだ。

「自ら機会を創り出し、機会によって自らを変えよ」
　私が在籍していたリクルートの旧・社訓である。意味するところは、誰に言われるでもなく、自らチャレンジするチャンスを見つけ、実行し、そして、自らを進化させよ、ということだ。まさに戦略総務を実践している、総務のプロを言い表している言葉でもある。

　この原稿を書いている今、衆議院選挙の真っ最中。間もなく投票も締め切られ、夜半に体制が決まる。しかし、まさか解散総選挙になるとは予想だにしなかった。まさに「VUCA」時代、何が起こるかわからない。
　一夜にして体制がひっくり返る時代。新たな技術によって社会が変革される時代。戦略総務を実践しなければ、会社の行く末が危うい時代でもある。

一方で、様々なチャレンジができる時代でもある。環境を読み解き、変化の予兆を見つけ、時代の趨勢を見定める。そして、会社を変えるネタを見つける。

　まさに戦略総務が必要とされている時代でもあり、その実現にふさわしい時代でもあるのだ。

　このチャンスを逃す手はない。会社の発展と自らの成長と進化。そのチャンスが数多くある時代。

「できる、できない」ではなく、「やるか、やらないか」だ。

　総務のプロも、突き詰めれば、その原動力は成長意欲。さらに大きな仕事を経験したい、さらに評価されたい、そして、さらに自らを成長させたい。そう思うかどうかだ。

　総務はとにかく外に出るべきである。そして、刺激を受けるべきだ。他流試合をしてみると、自らのレベルがわかり、危機感を覚えることも多いはず。その危機感、健全な危機感をバネとして、総務のプロを目指す。戦略総務を実践し、会社を変える総務のプロになるために。

「総務が変われば、会社が変わる」

　この言葉を、ぜひ皆さん自身で、体現してほしいと思う。

　総務業界に関係する１人として、切に思うところである。

MEMO

MEMO

［著者プロフィール］

豊田 健一（とよだ けんいち）

早稲田大学政治経済学部卒業。株式会社リクルート、株式会社魚力で総務課長を経験後、ウィズワークス株式会社入社。現在、取締役『月刊総務』編集長兼事業部長。日本で唯一の総務部門向け専門誌の編集長を務めると同時に、一般社団法人ファシリティ・オフィスサービス・コンソーシアム理事、総務育成大学校主席講師。総務経験を生かした総務のコンサルティングと戦略総務に関する講演、総務に対する営業向けのコンサルティングや総務の実態を伝える講演など多数。著書に『マンガでやさしくわかる総務の仕事』（日本能率協会マネジメントセンター）がある。

専門分野/講演テーマ
総務部業務全般のコンサルティング
総務の在り方、総務のプロとは、戦略総務の実現など
総務部向けの営業に関するコンサルティング
総務経験者が語る総務の実態、意思決定プロセスを知るセミナー

経営を強くする戦略総務

2017年12月10日　　　初版第1刷発行

著　者——豊田 健一
　　　　　©2017 Kenichi Toyoda
発行者——長谷川 隆
発行所——日本能率協会マネジメントセンター
〒103-6009　東京都中央区日本橋2-7-1 東京日本橋タワー
TEL　03(6362)4339(編集)／03(6362)4558(販売)
FAX　03(3272)8128(編集)／03(3272)8127(販売)
http://www.jmam.co.jp/

装丁・本文フォーマット——小口翔平＋山之口正和(tobufune)
本文DTP————株式会社明昌堂
印刷所————広研印刷株式会社
製本所————株式会社三森製本所

本書の内容の一部または全部を無断で複写複製(コピー)することは、
法律で認められた場合を除き、著作者および出版者の権利の侵害となり
ますので、あらかじめ小社あて許諾を求めてください。

ISBN 978-4-8207-2626-5　C2034
落丁・乱丁はおとりかえします。
PRINTED IN JAPAN

JMAMの本

広報・PRの実務
組織づくり、計画立案から戦略実行まで

井上岳久 著

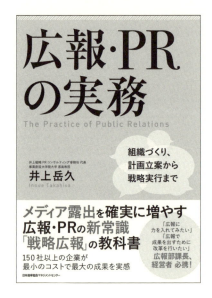

完成した商品・サービスを市場投入する時期に広報戦略を練り上げる従来のスタイルと異なり、商品・サービスの開発時期から広報的要素をそれらに組み込むことで宣伝告知効果を高め、顧客の認知や期待、そして信頼を最大化させる新たなPR戦略「戦略広報」。本書は、「戦略広報」の第一人者である著者が、戦略広報を企業に導入するための実践方法を解説します。

A5判　208頁

日本能率協会マネジメントセンター

JMAM の本

マンガでやさしくわかる
総務の仕事

豊田健一　著／青木健生　シナリオ制作／嶋津蓮　作画

総務の仕事は、その仕事の幅の広さゆえ、ときに「何でも屋」と揶揄されることもあります。そのため、配属されても何から手をつけてよいかとまどうことも多いものです。本書は、そのような迷える新任総務パーソンに向けた「総務の仕事」がまるごとわかる本です。マンガを通して学んでいくので、総務に必要な思考や心構え、細かなノウハウを感覚的に理解することができます。

四六判　264頁

日本能率協会マネジメントセンター

JMAMの本

経営を強くする戦略経営企画

株式会社日本総合研究所　著

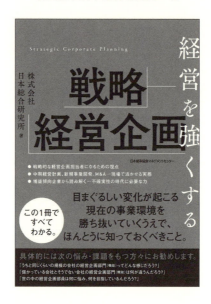

海外展開、新規事業立ち上げなど、新たな収益源を確保するため、そして迅速な経営判断のために、経営企画には常に変化への適応が求められています。中期経営計画の策定、M&A戦略の推進などの戦略的な実践法をはじめ、不確実性の時代を生き抜く経営企画として本当に知っておくべきことが、この1冊ですべてわかります。

A5判　224頁

日本能率協会マネジメントセンター